GoGo!! 永田町ガール

はい、こちら国会事務局です!

荒谷 京子 著
Kyoko Araya

水曜社

プロローグ：いざ、新人永田町ガール出動！

新人カスミ♥　失礼します!!
今日からこちらでお世話になる、関カスミです。
がんばりますので、どうぞよろしくお願いしまーす。
マチコ先輩☆　ようこそ国会事務局へ♪　さすがに元気いいわねぇ。
私があなたの教育係の永田マチ子よ。よろしくね。
♥　私「永田町勤務」って、ちょっと憧れだったんですよ～。
なんだかワクワクしてきた♪
☆　そんなに甘くないわよ～。いっぱい覚えることもあるし、
なんたって、ここは国の中枢なんだから。
ビシバシいくからね、覚悟なさいっ！
♥　ひえ――。が、がんばりまっす……!!

chapter:3
「チーム国会」のメンバーたち

chapter:4
いま、ここから動くニッポン

もくじ

～登場人物紹介～

♥ 関カスミ

九州大分県出身の22歳、新人永田町ガール。短大卒業後、公務員である父の仕事を手伝っていたが、上京して職員採用試験をパス。晴れて永田町勤務となった。方向オンチでよく迷子になるが、お酒好きで焼酎と居酒屋にだけは詳しい。

☆ 永田マチコ

ベテラン永田町ガール、36歳。東京生まれの東京育ち。親族が大物議員だが、そのことに触れると怒る。「四捨五入すると40歳」と言われても怒る。イケメン好きでカレシいない歴？年。同じ部署の新人カスミちゃんの指導役を務める。

♠ 議員秘書サクラダ君

とある大物議員に仕える若手議員秘書。まじめだがやや気弱。新人のころを覚えられているマチコ先輩に頭が上がらない。

国会周辺図
国立劇場
最高裁判所
参議院第二別館
参議院議長公邸
国立国会図書館
参議院分館
参議院議員会館
参議院別館
憲政記念館
前庭
参議院
国会議事堂
警視庁
衆議院第二議員会館
衆議院
国土交通省
外務省
衆議院第一議員会館
衆議院別館
衆議院分館
国会記者会館
衆議院第二別館
首相官邸
内閣官房ほか
金融庁ほか
特許庁
財務省

これが国会議事堂だ!!

※図は参議院側

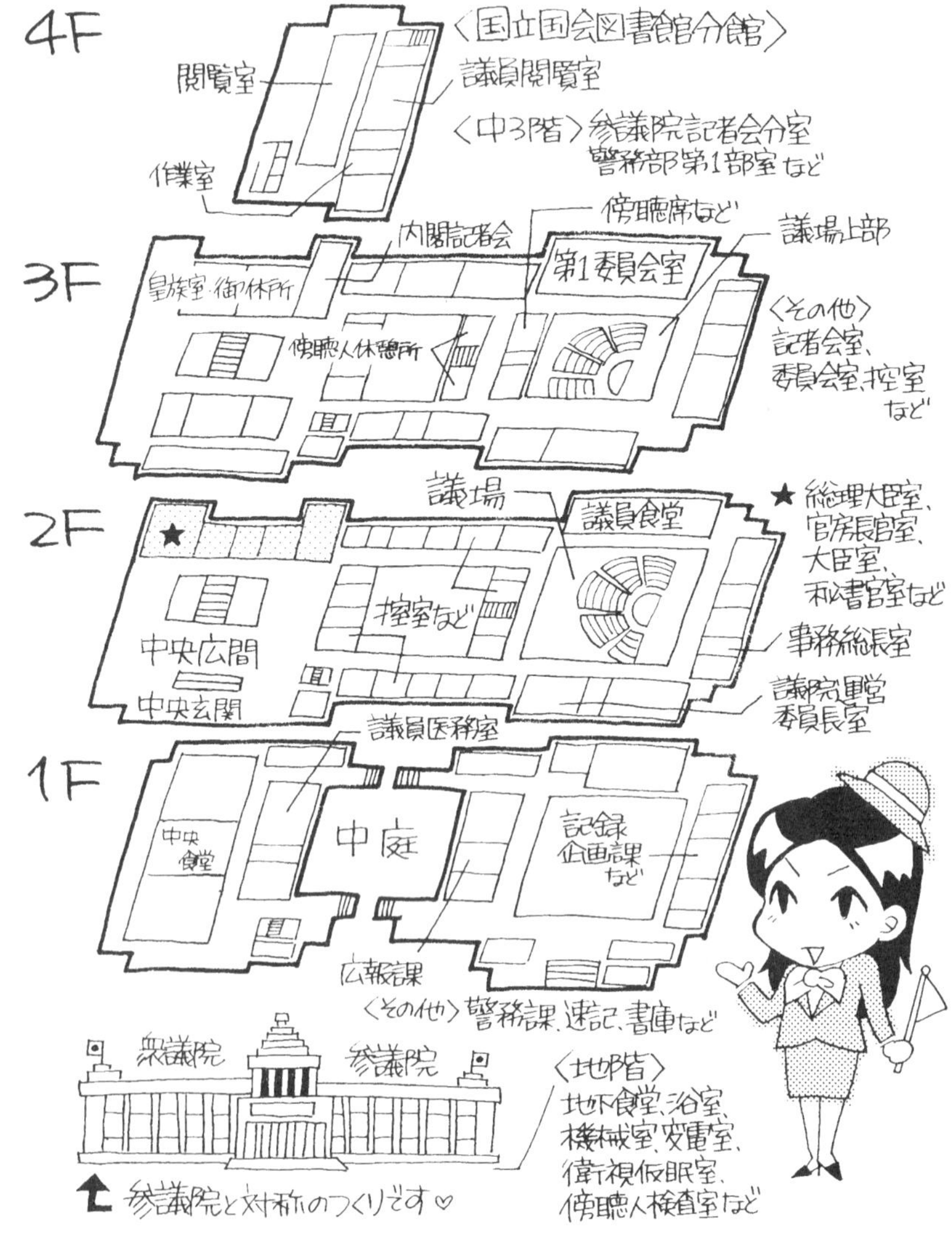

chapter: 1
われら永田町ガールズ♪

scene:01

国会で働きたいっ！

国会職員就職への道

新人カスミ♥　先輩！　ちょっと見てくださいよ!?

マチコ先輩☆　騒がしい子ねー、ん？　どれどれ……。

♥　**議員秘書の求人募集**が出てますよ！

☆　あら、△△議員の秘書、辞めちゃったのかしら？

♥　そんな冷静な……。新聞に議員秘書の募集なんて出るんですねー。

☆　最近は、フツーの求人誌にも募集出す事務所があるよ。

♥　へえ。私、なんか秘書って**コネの世界**だと思ってました。

☆　「学生時代にインターンで働いた」とか、「選挙ボランティアから秘書になった」なんてケースもあるけど、いまだに知り合いの紹介、親族が議員、なんて縁故で秘書が決まることは多いみたい。
♥ やっぱりコネの世界なんですね。
☆ 別に悪いことじゃないのよ。ひとつに守秘義務、つまり機密の話が多いのが秘書の仕事なのね。それから、秘書のスキャンダルって議員の信用問題にもなりかねないから、身元が安定した、ちゃんとした人を採用するっていうのは、議員自身のためでもあるのよ。
♥ だから縁故や知り合いを採用するケースが多いんですね。
「秘書がなにか問題を起こして議員も辞職に」なんてケースもないとは言えないですもんね。でも、秘書以外で**国会関係で働きたい**場合はどうしたらいいんでしょう?
☆ テナントで入っているお店は、各店舗に問い合わせてみるとか。募集記事が出るケースもあるって聞いたし。
♥ 先輩はどうやって就職したんですか……?(おそるおそる)

☆ 私はちゃんと試験を受けたのよ。今では安定志向からか、公務員って人気あるみたいね。1種、2種、3種あわせても10人採用するかしないかぐらいだし。
ちなみに職員の中で、衛視だけは別採用よ。あと、ときどきハローワークやインターネット上で臨時職員の募集も出ているみたい。

♥ まめな情報収集が必要なんですね。

☆ そう。**一般企業の就職試験と大差ない**わ。
しっかし、つくづく不思議なんだけど、よくあなたが通ったわねー。

♥ そんな～！ 私だってちゃんと試験受けて入ったんですよっ！

国会職員と一口に言っても、国家試験が必要なものからアルバイト感覚のものまで、業種はさまざまです。最近はネット求人などで入ってくる職員も多いですから、永田町で働きたい方は、まず情報収集からどうぞ。

おお!!
勤務地：永田町
君も日本の未来を
作ってみないか!?

scene:02

こちら、お冷やでございまーす♪

意外!? 議員が飲むのは水道水

マチコ先輩☆　委員会の水差し、補充はできてる？　空いてるものがあったら、給湯室でくんできてね。

新人カスミ♥　わかりました！　ところで先輩、議員さんたちが飲む水ですよね？　ミネラルウォーターとか、買ってこなくていいんですか？

☆　**蛇口ひねってそのまま**水差しに入れて。

♥　え、水道水そのままでいいんですか？

☆　い・い・のっ！　氷をがんがんに入れて**キンキン**に冷やしてあげてね。

♥　……ま、冷やせば味なんてわかりにくいものですけどね。議員さんがすっごくおいしそうにコップの水を飲んでいるから、てっきりミネラルウォーターだと思ってました。

☆　富士産でも六甲産でもフランス産でもない、タダの水道水。「東京の水道水」というと悪いイメージがあるけれど、実際はカンペキに消毒がされているぶん、むしろ安全なんだっていう話もあるんだから。

♥　そりゃそうですけど……。

☆　そういえば連休明けに蛇口をひねったら、ヘンな赤い水がジャーって出てきたことがあったなぁ。ずっと水道使ってなかったから、サビでも一緒に出てきたのかも。

♥　**サビ入りの水**ですか!?

☆　大丈夫よ♪　しばらく出しっぱなしにして、水が透明になったところで水差しに入れたし、氷ガンガン入れて出しておいたから。
全然平気だったわよ。

♥ そういう問題なんですかね？

☆ 今は浄水器も入ったから、これでもずいぶんぜいたくになったってもんよ。

♥ 私は冷たいお茶が飲みたいので、売店で買ってきまーすっ！

20人の委員会が1日に5回ほど開催されるとして、1日100本ものミネラルウォーターを買うなんてことになったら、それこそ税金のムダです。水道水、なかなかイケますよ？

血イ!!?
きゃあああああああ
ジャアアアアアア
※赤サビです。

scene:03

デモの声は議員に届くか？

議員会館前のアピールタイム

マチコ先輩☆　……今日のはずいぶん元気がいいわね。いつもはこんなに聞こえないのに。

新人カスミ♥　へ？　ああ、なにか聞こえますね……デモみたいです。

☆　ふだんは窓を開けてても、あまり聞こえてこないものなんだけど、今日のはよっぽど大人数なのかな。

♥　機動隊の方々も、今朝は多かったですよねー。いつもこうですか？

☆　**ほとんど毎日**よ。議員会館前の**座りこみやデモやビラ配り**って。私も通りすがりによくビラをもらうわ。

♥ そういえば、こないだ20代くらいの青年が、議員会館前で『世の中こんなんでいいのかー！』ってひとりでさけんでましたよ。しかも、数時間後に用事があって会館前を通ったら、その青年、まださけんでたんです。

☆ 月1回とか隔月とか、定期的にくる常連の団体もあるわよ。

♥ 夏の暑い日は、なんだかかわいそうになってきます。私たちで、なにか力になってあげられないんですかね？

☆ う〜ん……私たちは職員として国会にいるだけで、法律をつくっているわけじゃないからねぇ。

♥ でも、重要法案が通りそうだってときは、デモ隊もたくさんいますよね。人ごとながら大変だなーって思ってしまいます。

☆ 建物の中にいたら実はあまり声は聞こえてこないし、どこまで効果があるのか**正直疑問**かも……。

♥　うーん、フクザツだなぁ。

☆　でも、きちんとビラを受け取る議員も少なくないし、意義のあるデモならがんばってほしいわ。

♥　そうですねっ！　ガード下の立ち飲み屋を守るとか、さらなる焼酎文化の発展とか……。

☆　……アンタの声はどこにも届きそうもないわね。

デモやビラ配りは、議員への陳情のために訪れた団体がやっていくケースが多い気がします。マスコミに予告して取材してもらう団体などもあります。ただ、衛視も機動隊も目を光らせていますから、他人の迷惑にならないようにしましょう。

ハっく 聞こえ ハっく てるわよー!!
先輩のメンクイー!!!

scene:04

国会は環境にやさしい

関係機関のリサイクル事情

新人カスミ♥　ゴミを捨てに行ったら**「分別しなさい」**って怒られちゃいましたー（涙）。

マチコ先輩☆　あら、言ってなかったかしら？ 国会は、ゴミの分別にはうるさいのよ。

♥　聞いてないです～。でもホント、分別の種類も細かいですねぇ。

☆　そうね。私も気をつけているつもりなんだけど、ときどき紙パックにストロー差したままゴミ箱に捨てちゃったりするから。

♥　紙パックは洗って干して、開いてから捨てるものですもんね。

☆　面倒だけど、環境のことを考えると、やっぱり分別やリサイクルは必要よね。「議員や職員が使用する備品類はリサイクル品を使うこと」という法律まで閣議で決まったし。国の機関は**国民の手本**になろうって。

♥ え、法律まで!? スバラシイですね、さすが国会。

☆ トイレットペーパーやコピー用紙、あなたが使っているボールペン1本にしたって、すべてリサイクル品よ。

♥ あっ、ホントだ! たしかにリサイクルマークがある。

☆ 廊下の赤じゅうたんだって、リサイクルしているのよ。2階、3階で少しずつ張り替えたものを1階に下ろしてるんだから。

♥ へえ、そうなんだぁ。だから1階の赤じゅうたんはあんなにボロいんですね。でも私、はじめて見たときは「レッドカーペットだ〜!」ってよろこんじゃいましたよ。

☆ 国会の廊下なんて全部で何メートルあると思っているのよ～!! 全部まるまる張り替えてたら、それこそ**税金のムダ**ってもんよ。はしっこのケバ立ったところをちょっとずつ切りとって、少しずつ張り替えているのよ。

♥ 2階、3階のカーペットはふかふかですよねえ。足音しないですもんね。

☆ まあ、議員がよく通るフロアーだしね。……ほら、これ見て。この棚だって備品シール見ると〈昭和45年〉製、けっこう年季が入っているでしょ？ 使えるものはちゃんと使わないとね。

♥ あれ、そういえば先輩も昭和45年くらいの生まれじゃあ……。

☆ ……なにが言いたい？（怒）

マチ子先輩が言う「リサイクル品の使用を決めた法律」とは、『グリーン購入法』のこと。とくに罰則はありませんが、国も省庁も一丸となって環境保全に努めています。

同い歳ね
ふふ
ボロ….

scene:05

財布忘れても○○は忘れるな！

大切な身分証と記章

内線電話：ＲＲＲＲＲ……

マチコ先輩☆　はい、こちら……ああカスミちゃん、どうしたの？

新人カスミ♥　先輩！　**身分証忘れちゃいましたぁ！**

本館に入れないんですけど、どうしましょう!?

☆　しょうがない子ね。

面会受付に行って面会票に記入してきて。

面会相手は、自分でも私でもいいから。それで入ってこれるわ。

♥　ありがっ（**ピ――――、ツーツーツーツー**）

☆ ……あの子、公衆電話からかけてたのね。

♥ おはようございます！ 先輩、すいませんでした。
朝からお騒がせしちゃいまして。

☆ 途中で切れたけど、大丈夫だったの？

♥ 実は携帯電話も忘れてきちゃったみたいで……。
でも、**先輩に面会**って、なんかヘンな感じ。

☆ おもしろがってちゃダメよ。
身分証や記章を忘れても大変だけど、なくしたらもっと大変なことになるんだから。

♥ どうなるんですか？

☆ 再発行の手続きをするんだけど、まず警察に遺失届、
そして**始末書**を提出する。

♥ え、始末書まで!?

☆ そうよ、だってこの記章、国会関係施設のほか、各省庁だってどこでも入れるのよ。万が一悪用されたりでもしたら大変じゃない。それほど大事なものなのよ。

♥ そうか、そうですよね、私も気をつけないと……。ところで先輩、やけに詳しくないですか?

☆ ……理由は聞かないで。

議員や秘書にも身分証と記章があります。なくしたら始末書を書かされるのも同じ。なくしたらとてもコワイので、僕は身分証も記章もひもで首からぶらさげてます。

先輩♡
面会に行きますね!!

scene:06

失われし、古き良き時代？

国会、昔ばなし

新人カスミ♥　先輩、今日飲みに行きませんかー？
マチコ先輩☆　う～ん……無理っ！　この仕事量じゃ明日がコワいわ。
♥　え～っ、まあいいや。
☆　そういえば、食堂にも一応お酒が置いてあるのよ。
まぁ**職場で飲むくらいなら外で飲みたい**けどね。
♥　そうなんですか？　気がつきませんでしたー。
☆　昔は仕事が終わるとおつまみ買いこんできて**事務所で飲んでた**らしいわよ。冬にはお鍋をやったりもしたとか。
♥　えー、うらやましいなぁ……。

☆ 冷暖房がまだそんなに普及していなかったときには、夏の暑い日は冷たい大理石の壁にぺったりくっついたり、床の上で寝ころんだり、中庭のそばで涼んだりしたんだって。

♥ 冬は冬で、院内の出入り口が手動ドアのころなんか風がめいっぱい入ってきちゃうから、とにかく寒かったらしいわ。

☆ ふーん。今は設備がいろいろ整ってるだけ、私たちは幸せなんですかね〜。

♥ 今、ココで酒盛りなんかやったら、マスコミの格好のネタね。

☆ 外のほうが、酔っぱらっても暴れてもわかんないからいいですねっ♪

いや、そういう問題じゃなくて……。

その昔、定時後に遅番の衛視や仕事上がりの事務員がわらわらと部屋に集まって、仲良くお酒を飲むことがあったそうです。今でも大きな法案が通ったあとに「おつかれさま！」なんてことがあるとかないとか……。

scene:07

あたしのこと、よろしくね♪

飛び交う名刺は数千枚以上!?

マチコ先輩☆ さっきからずいぶん一所懸命だけど、なに書いているの?

新人カスミ♥ いやー、私、名刺を持ってないので、**お手製名刺**をつくろうかなと。

☆ いまどき手書き!? スピード名刺とかでもいいのに。

♥ 先輩は名刺持ってます?

☆ 私は文具屋で自分でつくったの。職員は、名刺が必要な場合は**個人でつくる**のよ。

♥ そうだったんですか!

どおりで名刺を持っている人と持っていない人がいるわけだ。

☆ 一般企業みたいに、会社がつくって支給してくれるわけではないから
ツラいところね。

♥ 議員秘書さんなんかはどうしてるんだろう？

☆ 事務所で支給してくれるみたいよ。
秘書なんて配るシーンも多いから、自分でつくるとなったら大変だもの。

♥ 私、秘書の方々からけっこう名刺もらうんですけど、同じ場所で働い
ているのに名刺交換するのって、なんだか面白いなあって。

☆ 言われてみれば、永田町ならではの風景かもしれないね。

♥ しかも秘書の方の名刺って、だいたい**明朝体、縦書き**と型を押
したように決まっていますよね。
たまーに議員の顔が入っていたり、所属政党のマークが入っていたり
しますけど、横組みの名刺はほとんどないですね。

☆ 紙質もだいたい同じだしね。

秘書の名前よりも議員の名前が大きく書かれているのも、議員秘書の名刺の特徴かしら。

♥……さーできた!! 私のオリジナル名刺です♪

☆どれどれ……って、こんなイラストだらけの名刺を使うの!?

僕ら議員秘書は1000枚名刺をつくっても、1年ももたないことも。とくに議員の地元に帰るとあいさつまわりと名刺交換が仕事みたいなもんです。永田町ではあまりに飛び交う名刺が多すぎて、お菓子の箱などで管理している人もいます。

☆カ-HH出身の☆妖精☆
関♥カスミ
東京都霞ケ関1234
03-1234-XXXX
090-9876-XXXX
♥まってマス
〈趣味〉
飲み屋散策
（新橋）
あたしの名刺です♡
やめなさいっ!!

scene:08

書類が多すぎてわかりません（泣）

国会内の書類提出ルールあれこれ

マチコ先輩☆　カスミちゃん、ちょっとテーブル整頓してきてくれる？

新人カスミ♥　へ？　十分きれいですよ、なぜですか？

☆　これから書類がたくさん入ってくるから。忙しくなるわよ～。

♥　（おそるおそる）そ、そんなに来るんですか？

☆　**量も種類もスゴい。**説明しとこうか。

♥　お願いします!!

☆　いくつか種類があるんだけどね、まず一番**基本の書類は法律案。**マスコミなんかでは〈法案〉って呼ばれることが多いけど、中でも内閣提出法律案がいちばん多い。

これは閣議が行われる火曜と金曜に内閣から国会に提出される法案のことで、『閣法』とも呼ばれているの。

通常国会でも**およそ100本**くらい提出されるわ。

♥　法案が100本も!?

☆　このほか法律案は、議員が提出するものもあるの。

衆議院議員が出す法律案は「衆法」、参議院議員が提出するのが「参法」っていうの。

ちなみに野党が対案として出す法律案も、分類上は衆法か参法よ。

♥　うーん、ややこしい……。

☆　それから、閣法が出るとついてくる「送付文」という書類があって、これは「法案を出したよ」という証明書みたいなもの。

「送付文」の仲間には、送提文、提出文、報告文などがあるけれど、どれも同じような形式ね。

♥ すべて、規則で出すことが決められている書類よ。

♥ なんだか難しいなあー。これ、**覚えきれませんよ。**

☆ やっていくうちに慣れるわよ。最近では大学の一般講義でも、法律案について勉強することもあるんだから。

♥ そうなんですか！ うあー、学生のほうが私よりよっぽど知っていたりして……。

国会は立法の場ですから、法律案の審議はメインの仕事です。ちなみに2005年の国会で提出された法律案は200本以上、そのうち可決されたのは124本です。それ以外は消えていったわけですから、すさまじいペースですね。

まだくるわよ
ガラガラ
ぎゃー!!

scene:09

捨てる紙あり、拾う価値あり？

ゴミ捨て場の会議録

マチコ先輩☆　どうしてゴミ捨て場って、いつも足の踏み場がないのかしらねえ。これくらい、おカネがたまってほしいもんだわ。

新人カスミ♥　先輩、言うことがケチくさいです……。あれ、この段ボールも捨てちゃうんですか？、**内部資料がたくさん**だし、辞書まであるのに。あ、国語辞典、ちょうど欲しいなって思ってたんですよ♪　おぉ、昔の『国会便覧』発見。うわー、△△議員若～い！　えー、これ全部持って帰りたいよぉ！

☆　ダーメ！　機密事項もあるんだから。ここは基本的に必要なくなったものを捨てる場所なのよ。辞典も自分で買いなさい。

♥ もったいないなぁ。でも、いろいろ捨てられてますね。

☆ うん、会議録はネットでも見られるから、配付した会議録は捨てちゃう事務所が多いみたい。この会議録なんて10ページくらいだけど、買うとなると400円くらいするのよ。ちょっと分厚いものだと1000円超えることもあるし。ちょっとした報告書は3000円近くするし、内容豊富で分厚い冊子になったら、**1万円**超えちゃうものだってあるのにねぇ。

♥ つくるのもけっこう大変なのに、もったいないなぁ。

☆ 知り合いの議員秘書にどうして捨てちゃうのか聞いたことあるんだけど、事務所がせまくて保存場所を確保するのが大変なんだって。「ネットで検索してプリントアウトしちゃうからいらない」とも言ってたわ。かといって、すべて捨てているかといえばそうでもなく、自分のトコの議員が発言した会議録や法案などは、資料としてとっておくみたい。とくに会議録は公文書だし、日ごろお世話になっている方や後援会にあげると、とてもよろこばれるそうよ。1部ずつしか配布されないから、ゴミ捨て場にある会議録を**こっそり拾っていく**議員秘書もいるみたい。

♥ でも、こんなに捨ててあると悲しくなっちゃいます。必要な分だけつくればいいのになぁ……。一般の人でも会議録って買えるんですか？

☆ もちろん。会議録のほかにも法案や質問や答弁なども、注文可能よ。

♥ 古本屋さんで売れませんかね？

☆ それは無理ね……って、あなた、なに考えてるのよっ！

♥ わー、ごめんなさいっ！

「議員秘書がゴミを拾う」と言うと語弊がありますが、ゴミ捨て場行きとなった段ボールから資料をいただくことはあるそうです。

お売り下さい
BOOK
やめなさいっ
ビクッ

scene:10

看板なんで、お開きに……

職員はいつになったら帰れるの?

新人カスミ♥ あーあ、委員会まだ終わらないのかなー、早く帰りたいよぅ。

マチコ先輩☆ 帰ったら? 別に今日の仕事は終わってるんでしょ?

♥ だってまだ**カンバン**が……。

☆ カンバン? ああ、「議事日程」のことね。でも私たちの部署にはあまり関係ないけど?

♥ え、そうなんですか?

ほかの人に聞いたら「カンバンが下りるまで帰れない」って……。

☆ 関係のある部署の職員はね。

ただ、私たちみたいに関係ない部署もあるわよ。

♥ところで、どうして議事日程を「カンバン」って呼ぶか知ってる？

気づかなかったけど、ただモニターに今日の議事の日程が出ているだけなのに「カンバン」って、たしかにヘンですね。

☆日程が終わることを「カンバンを下ろす」って言ったり……。

昔、議事日程って**木でつくった掲示板**で知らされていたんだって。これが看板みたいだったから〈カンバン〉って呼んでいたらしいの。

この掲示板に当日行われる委員会の札が掲げられてて、取り外し可能だったの。で、1日の議事日程がすべて終了するとこの掲示板が下ろされて、それを見届けた関係職員が帰っていったってわけ。

♥そうだったんですかー。

☆議員の登庁の札も、今はボタンを押すランプになっているけど、木の名札だったみたい。各部の部長の所在を知らせるランプも不在のときに消されているけど、これが消えないと**帰れない職員もいる**ようね。

♥ なるほど。じゃあ、今やってる委員会は仕事に関係ないから、私たち職員は帰れるってわけですねー。

☆ 仕事が終わっているなら、よ。

♥ バッチリ完了してます！　では、今日は飲み会の幹事なんでお先に！

☆ また飲み会か……。カンバンまで飲んだくれるんじゃないわよ〜。

議事の日程がモニターで一覧できたり、議員の登庁が電光掲示板で表示されたりするようになったのは、ここ10年くらいのこと。それまでは、ずっと木の〈カンバン〉で掲示されてて、職員はいちいち確認に行ってたそうです。

ありゃーカンバンかぁ
酒処
国会

scene:11

永田町ガールの有給休暇

国会職員の休暇事情

新人カスミ♥　先輩、明日、休みをとってもいいですか？

マチコ先輩☆　国会は閉会中だから、別に大丈夫だよ。

♥　休暇申請ってどうしたらいいんですか？

☆　**規定の休暇届**があるでしょう。記入して課長に持っていって、ハンコをもらって提出すればいいのよ。

♥　わかりましたー。閉会中で助かりましたけど、やっぱり開会中はお休みしにくいですもんね。

☆　部署にもよるんだろうけれど、やっぱり開会中は仕事がいろいろあるから難しいわね。だから閉会すると、とたんにみんな有給休暇をとりはじめるの。まだ有給は残ってるの？

♥ ありますよ。まだ10日残ってます。消化しないとソンしちゃいますからねー。

☆ 有給もそうだけど、夏期休暇や年末年始、忌引、産休、育児休暇なんかはだいたい一般企業と似たようなものよ。

♥ 先輩はほとんどお休みとらないですよね。産休なんてもちろん……。

☆ む、産休はいつか使うわよ～。プラス1年もお休みできるんだから使わない手はないわね。

♥ いつになるのやら……。

僕らは議員がお休みの日が休みになることが多いのですが、国会議員に休みなんてほぼありません。閉会中も地元でのあいさつまわりや講演会が続き、夏休みや年末年始は後援者の方々などを訪ねるチャンスになるので、逆に忙しくなります。

scene:12
永田町ガールのトッケン♪
国会職員になるメリット

新人カスミ♥
マチコ先輩☆

♥　家賃払ったら、もうカツカツになっちゃいました(泣)。

☆　寮に入れば？　家賃安いわよ。

♥　そんなに安いんですか？

先輩ってどこに住んでいるんでしたっけ？

☆　私は実家、持ち家だから家賃ゼロ。

でも、国会職員の寮だって、通常よりはるかに安いわ。

都内でも1万円もかからないところもあるみたいよ。

♥　ええー!?　いまどきそんな金額あるんですか？

☆　ま、だからこそ「公務員宿舎は家賃が安すぎ」ってマスコミにたたかれているんだけどね。

議員だって、ぜいたくを言わなければ1万円ちょっとで議員宿舎に住めるところもあるし。

ただ、**そうとうボロい**らしいけど。

♥
議員宿舎も安いんですねー。

☆
そうね。あと、国会職員は異動になってもどうせ院内、つまり永田町勤務に変わりないから、一戸建てでも購入しやすいわよ。

公務員だからローンも組みやすいし。

♥
優遇されてますねー、って、働いている私が言うのもナンですけど。

☆
ほかにも議員はもちろん秘書や職員が利用可能な健康センターがあるし、今度建て直しが決まっている議員会館には託児所が設けられる予定みたい。

それに、車通勤もＯＫなのよ。

♥ え、そうなんですか!?

☆ 駐車スペースだって完備しているんだから。

♥ へえー。そう考えると**職場環境はステキ**すぎますね。

♥ こりゃあたたかれてもちょっとしかたないかもなぁ……。

☆ でも仕事はけっこう大変だし、職場特有の規定もあるし、優遇ばかりじゃないんだけどねー。

♥ 先輩みたいに、託児所必要ない人もいますしねぇ。

☆ ……どうしてアナタはこう、一言多いのかしらね。

公務員の過剰な優遇を見なおし、ムダを省こうという動きは、まだはじまったばかりです。たとえば議員会館裏のプールは、ほとんど利用されていませんし、スペースも経費も、もっともっと有効活用できると思います。

非難GOGO!?
健康センター
議員宿舎
おお!!
きゃあ
etc…
マイカー通勤

るのであまり中継を見ることはありません。

12：00～　昼休み。昼食は、開会中は忙しいので国会内ですませることが多いです。閉会中はのんびり銀座、赤坂まで出向いたりします。

13：00　昼休み終了。ちょっとここで時間ができたときは、新聞読んだり、委員会の中継をぼんやり眺めたり。時にお昼寝したりすることもあったり…（えへへ）。

14：20　会議録、印刷物を配布。会期末には報告書などが多くなります。

16：00　今日配布した書類を確認して、棚にしまっていきます。いっぱいになったら地下にある倉庫に持って行きます。またここがカビくさくて、息苦しいんですよー。

16：30　通常国会のときは、法案の書類がたくさん来ます。各関係省庁、議員分すべてに配っていく準備をします。

17：05　法案の配布。早いと5分ほどで終わるし、量が多いと20時までかかることもあります。終わったら、掃除、明日の確認。

18：00　何もなければ退庁。部署によっては残業もあります。ちなみに2006年7月からは、18時終業に変更になりました……。ああ、30分遅いだけでも電車の混み具合がちがうのです（泣）

19：30　待ち合わせの新橋へ！　この日は高校時代の友だちが銀座に来るというので、とっておきのお店へつれていってあげました。

21：30　飲みなおし～♪

23：00　お開き。ダッシュで帰る。

24：00　帰宅。お風呂に入り、顔パック（美容には気をつけています！）。新聞を読みなおし、日記をつけます。どんなに飲んでもこれは欠かさない。明日着ていくものもあらかじめ決めておきます。

25：30　就寝。おやすみなさーい。明日もがんばるぞ♪

Column☆永田町ガール・カスミの１日☆

永田町ガールってなんだかとっても忙しい？ 実際に働きだしたらどんな１日になっちゃうの？ そんな疑問にお答えするべく、新人カスミちゃんのとある1日に密着取材〜♪

07：00　起床。身じたく。天気予報を確認しながら、自炊の朝ごはん☆ 時間がないときは、牛乳やヨーグルトですませちゃいます。

07：50　家を出る。駅までは徒歩１５分。ダッシュで最高記録は７分（笑）

08：00　電車に乗り込む。ギリギリセーフ。

08：45　永田町駅到着。構内がとっても広い駅ですが、改札を抜けて地上に出ると、目の前はすぐ国会本館。

08：50　入り口で衛視に身分証を見せ、中でもう一度チェック。中庭を越えたところでさらにチェック。合計３回、衛視が確認します。

08：55　職場に到着。始業は９時です。タイムカードはなく、出勤簿に自前の印鑑を押します。

09：30〜　衆議院・参議院の公報にざっと目を通し、メールもチェック。新しい議案や議事日程等の確認。

10：30〜　議案類の議員事務所への配布。印刷局から事務局に入ってきた会議録、書類の確認をして、各議員事務所や関係部署に配っていきます。終わったら、前日に行われた委員会等のチェック、そして議案類の整頓。午前中から委員会をやっていることもありますが、私たちは自分の仕事があ

カスミの初体験 議員事務所の巻

議員事務所はめちゃくちゃせまい

新人カスミ♥　ちょっと議員会館行ってきます。
マチコ先輩☆　はい、行ってらっしゃい。なにしに行くの?
♥　さっき電話で頼まれた資料があって。お昼ついでに届けようかな、と。
☆　**議員事務所**だよね? 大丈夫?
♥　なに心配しているんですか〜、って実ははじめて行くんです……。
☆　届けるだけなら平気でしょ。ほら、早くしないと昼休みなくなるよ。
♥　あ、ホントだ。じゃあ、行ってきます!
☆　……2時間もどこほっつき歩いてるのかしら。まさか迷子……?

♥すみませーん、遅くなりました！ ついつい長話しちゃって……。
☆長話って、あんなせまいところで？
♥そうなんですよ、ホントせまかったー!! **ワンルームマンション**くらいかな。冷蔵庫、電子レンジやコピー機、机、テーブル、書類や棚でもう部屋がいっぱいでした。大人が3人もいたら暑苦しいのなんの。窓は大きくて開放的だったんですけどねー。
☆でも、奥にある議員の部屋はまあまあ広いでしょ？
♥そうですね。いろいろ見せてもらって、ふかふかのイスに座らせてもらったり、だれも食べないからって、お菓子までいただいちゃいました。
☆……。
♥……（汗）。あ、でもでも、ただ遊んでたわけじゃないですよ！ 秘書の方にいろんな話を聞いて、ばっちり勉強してきましたからー。それにしても、このせまい部屋で日本がつくられていくんだなぁと思ったら、感動しちゃいましたよ。

……あ、秘書さんが、今度食事でもどうですかって。

☆ こら!! こっちはお昼も行かずに心配してたんだから。

♥ でもその秘書、イケメン君で先輩好みだと思うんですけどー。

しかも、先輩のことご存知でしたよ。キレイな方ですねって♪

☆ えっえっ? ホント??

……って、あなた、なに持ってるの? まさか……。

♥ げ!? 書類持って帰って来ちゃった、もう一回行ってきます!

☆ はぁ(ため息)……あ、イケメン秘書君によろしく~♪

議員会館は、言うなれば小さな議員事務所の集まりです。たしかにびっくりするほどせまいんですが、2006年から建て替え工事がはじまっていて、いまの2倍くらいの大きさになるそうです。ほっ。

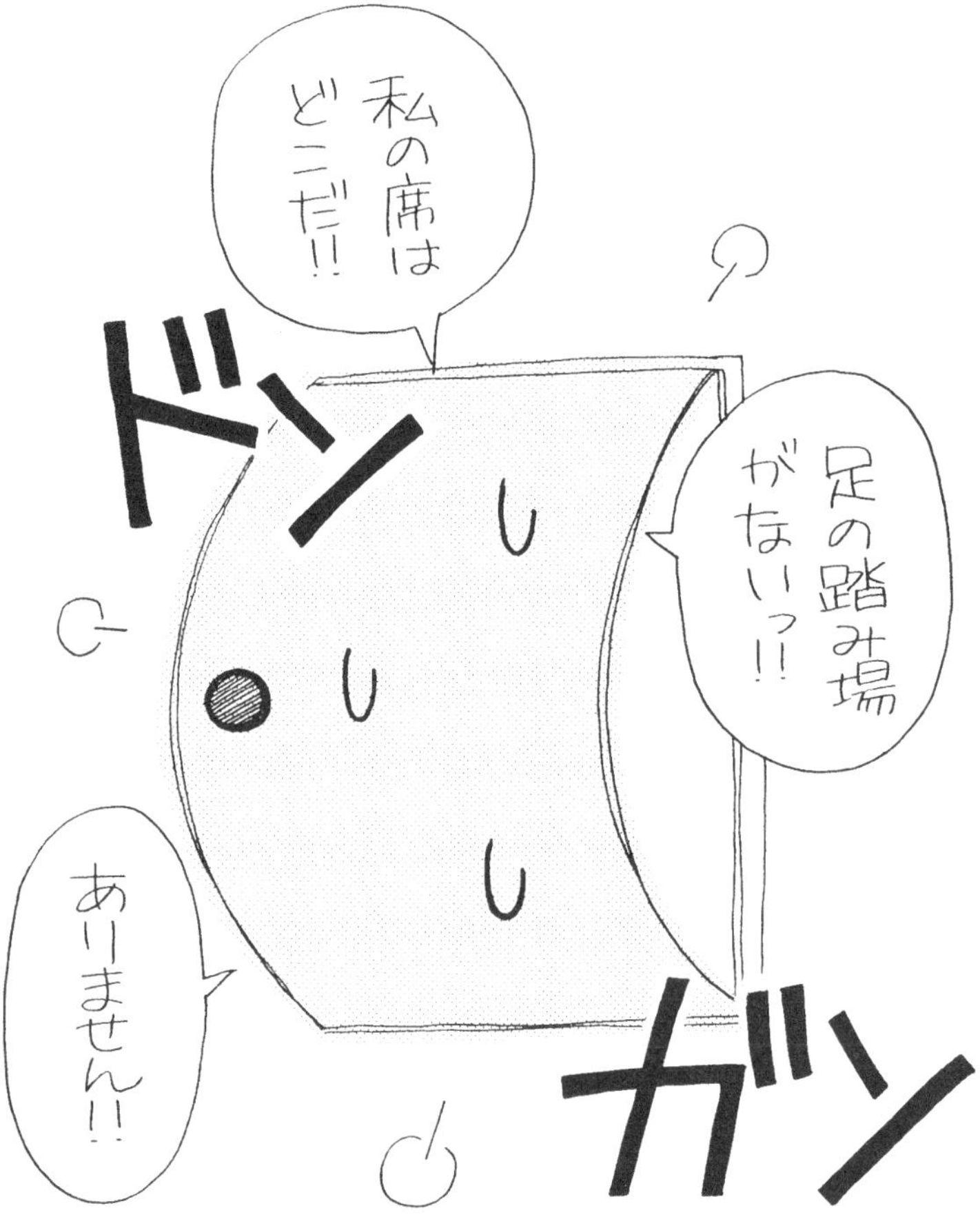
私の席はどこだ!!
ドン
足の踏み場がないっ!!
ありません!!
ガン

chapter:2

国会ショッピングモールに潜入!!

scene:13

迷子のカスミちゃん♪

国会は広いぜ!!

新人カスミ♥　はあ、やっと帰ってこれたー。

マチコ先輩☆　また迷ってたの？

いったいどれだけ**迷子**になればすむのよ。

♥　だって、衆議院、参議院って、つくりが同じとはいえ広すぎです（涙）

☆　一方を覚えてしまえばラクだと思うんだけどなぁ。衆議院と参議院は左右対称同じつくりだから。衆、参とも「第一委員会室」は3階のいちばんハシ、とか。説明すると正面玄関から向かって左が衆議院、右が参議院。国会議事堂は1936年に完成した鉄筋コンクリート構造で、地下1階から地上4階までが入室可能。1階はおもに職員が働いている職場、2階は政党控え室、大臣室、本会議場など、3階は委員会室、本会議場の傍聴席、御休所、皇族室があって、4階は国会図書館の分館があるのよ。※P7参照

♥私、ちゃんと国会内見たことなかったんですけど、よく見るとすごいクラシカルで、美術館みたいですよね。

☆壁は大理石、重厚なドア、階段の手すりも彫り物入りだしね。中央塔の壁と天井はステンドグラスで、天井の絵柄は四季が描かれているそうよ。今は入れないけれど、かつて8階部分は**ダンスホール**として使われていたそうよ。

♥ダンスホール!? 舞踏会ですね。

☆今は掃除やメンテナンスのためにしか入れないけれどね。

♥あと、私が感動したのはエレベーター!! 赤じゅうたんが敷いてあるし、天井にはキラキラしたライトがあるし、開閉もゆっくりでスゴく

高貴な感じがしました。

☆　両議院でちがうのは登庁ボタンの順番かしら。衆議院は会派別の50音の順番、参議院は単純に50音順にならんでいるの。

♥　そういえば中庭の池、マーライオンみたいな動物の口から水が出ているのは衆議院ですよね。

☆　参議院は池に鯉を飼っているのよねー。あと、衆・参では敷地内の木もちがうのよ。衆議院は別のところからの植え替えの木だけど、参議院は国会で育てられたのよ。

♥　へー、**国会育ち**なんですね、参議院の木は。

☆　木の種類まで覚える必要はないけど、せめて施設の位置くらいは、早く覚えてよねー。

国会見学コースでもある3階の天皇陛下御休所は、備品から家具まで、まさに日本芸術の粋を結集したすばらしいつくりです。

HELP.....
捜索願
X月X日より行方不明
きゃー!!

scene:14

国会ショッピングモール☆

目移りしちゃう国会の売店

新人カスミ♥　先輩、国会内にコンビニがあったらなーって思いません？

マチコ先輩☆　**コンビニはない**けど、売店がいくつもあるし、なんでもそろうわよ。

書店や診療所に銀行、理容室、美容室、郵便局、薬局、クリーニングまでなんでもあるから、コンビニなんかよりずっと便利かも。

♥　ほー、そうだったんですか!?

☆　売店にはお菓子や飲み物、文房具、化粧品、薬、お酒だってあるの。お菓子はおせんべいや懐かしいなーって思う定番のお菓子が多いかな。飲み物はお茶が多くて、ペットボトルや缶、お茶葉やコーヒー豆もあるわよ。でも、なぜか参議院の売店より**衆議院のほうが安い気がする**。

♥ なぜ衆議院のほうが安いんでしょうか。ナゾですね。

☆ 美容室と理容室は議員さんも利用していて、カーテンで仕切られるようになっているみたい。値段はカットで3000円くらいからで予約しないと入れないこともあるらしい。それと指圧室。ハリもやっていて、こちらも議員さんがけっこう利用してるって。

♥ そういえば、議員は専用の医務室がありますけど、私たち職員は？

☆ 診療所があって、評判いいのよ。いい薬を出してくれるし。前にセキが止まらなくて行ったけど、ピタッと止まったわ。歯医者も衆・参両方にあって、痛ければすぐ治療してくれるから便利よね。あと、おもしろいのが花屋。もちろんフツーのお花もあるけど、お祝いのときに贈る胡蝶蘭の在庫が多いの。

♥ へぇ〜。

☆ 本屋は衆議院と参議院のどちらにもあるのよ。衆議院は雑誌やエンターテイメント系の本が中心で、参議院の書店は政治関連の本が多いわ。どちらも割り引き価格で購入可能よ。

♥ ……あの〜、**エッチな本**なんか置いてないですよね？

☆ それがあるのよ、だれが買うのかしら（笑）やっぱり国会だからか、議員さんの著作は必ずある。新聞は各部署にすべての全国紙があるし図書館でも読めるせいか、置いてないわねぇ。

♥ 記者さんと仲良くなったらもらえたりしますしね♪

☆ それをあてにするのはどうかと思うけど……。

まさになんでもそろう国会商店街ですが、大企業やチェーン店は入っていません。個人経営のお店ばっかりです。

美容室・理容室でございます
あちらが診療所
銀行に靴屋でございます
書籍
郵便局
etc…
薬局です
クリーニング
印刷屋
食堂でございます

scene:15

意外と静かなマスコミ基地

国会記者会館に行こう

新人カスミ♥ あ、このテレビレポーター、さっきトイレにいた人だ!?

マチコ先輩☆ あら、そうなの。

♥ ちょっと国会記者会館に行ってたんですよ。**テレビのセットがそのまま**組まれていてびっくりしたんです!! ここに映っているセット、そのままありましたよ。

☆ 記者会館って国会施設の中でも比較的入りやすいのよね。新聞社やテレビ局の車、バイク便なんかが玄関前にぞろぞろいるのがいかにもマスコミって感じだけど、喫茶店は一般の人も利用可能だし、バタバタしているかと思いきや、意外とそうでもない。

♥ 記者会館の部屋、ちょっとのぞいたんですけどせまいですね〜。中継のセットが組まれて、あとはほとんどスペースがなかったですもん。

☆ **必要最低限の装備**って感じね。フットワークも軽そう。

♥ でも、あそこから国会のナマ情報が発信されているかと思うと、なんだかわくわくしちゃいますよね。先輩も記者会館に行くことあるんですか？

☆ あら、私はあそこの喫茶店の常連だもの♪

♥ !?

記者クラブの存在は賛否両論です。重要な法案審議中にコメントを求められてうっとおしがる議員さんもいますが、カメラのまわっていないところでは、けっこう仲良く談笑したりしているんですよ。

scene:16

国会地下のラビリンス

地下でつながる国会施設

新人カスミ♥ ただいまー!!

あー、傘を持ってなかったから、雨で濡れちゃいました。

マチコ先輩☆ なんで地下通路から来なかったの?

わざわざ雨の中を歩くなんて。

♥ でも私、**地下通路って苦手**なんです。

☆ 迷子になるから?(笑) 衆議院と参議院でガイドを色わけしているから、わかりやすいと思うけどねぇ。

♥ 黄色が参議院、ややオレンジが衆議院、ですよね?

☆ そう。しかも国会議事堂と衆・参議員会館はもちろん、衆議院別館、参議院別館、国会記者会館ともつながっているから、使いこなせばすごく便利なのに。

♥ そうなんですけど……。

☆ **天井低いし幅も狭い**からキュークツで苦手なんですよねー。

♥ 通気口があるから換気はしっかりしているけど、気持ちはわかる。

☆ 夏の暑いときや雨が降っているときなんかは、ホントに助かるんですけどねー。

☆ たった今、濡れて帰ってきたくせに（笑）

国会議事堂付近に全然人影が見えないときは、もしかしたら関係者は地下道を使っているのかも知れませんね。ところでこの地下通路、べつに標識などはないのに、なぜかみんな左側通行を守って歩くんです。

scene:17

国会内の図書館はスゴイ！

知の宝庫・国立国会図書館

マチコ先輩☆　ちょっと図書館へ行ってくる。

新人カスミ♥　え、だって仕事中ですよ？　**サボリですか？**

☆　資料探しよ。ここの4階に図書館があるの。

♥　そうなんですか!!　それは便利ですねー。

☆　正確には国立国会図書館の分館。もちろん議員や秘書、私たち職員など関係者しか入れないわよ。でも、新聞なら全国紙、地方紙、政党新聞、全国紙地方版までそろっているし、政治や法律関連の本はもちろん、小説なんかの一般書もけっこう新刊がそろってるの。

♥　4階ってそんなに広くないですけど、どのくらい蔵書があるんですか？

☆　書籍だけでも**ざっと5万冊**くらいはあるみたい。新聞や雑誌だって過去5年分は保管してあるっていうからかなりの量だと思うよ。しかも、年間5000冊くらいは本屋で買ってるみたいだし。

♥　え？　国会図書館って、たしかどんな本でも1冊はあるんじゃなかったっけ？

☆　よく知ってるわね。「出版物納本」といって、国会図書館には日本で出版されたすべての出版物が届けられることになっているのよ。でも、本館だけだから、分館は一般図書館と同じくフツーに買ってるんだって。本館とちがって予算があるから、資料をそろえるのも大変だって司書の人に聞いたことがあるわ。

♥　へえー、国会内に図書館があるなんて知らなかったな。

☆　なんなら、一緒に行く？

♥　ぜひ！　ご一緒させてください！

♥へぇー、分館が使えるのは夕方5時までなんですね。
☆静かにしてなさいよ。図書館なんだから、大きな声で話してはダメ。
♥わ、法律の専門誌だけでこんなに!? なんかカタい雑誌が多いですね。
☆そんなことないわよ。ほらこっちには**女性誌もファッション誌も**あるよ。
♥なんか状態がキレイですよね。あ、小説も結構そろってる。でも、汚れとか破れとか、ほとんどないな。
☆普通はそうあるべきなの。読む人のモラルの問題でしょ、きっと。
♥あれ、先輩、あそこの「議員専用」っていう部屋はなんですか?
☆議員専用の閲覧室よ。まぁ、一般の図書館とちがって受験勉強の学生やサラリーマンが机とイスを一日中占領しちゃうようなことはないけどね。ちょっと小耳にはさんだんだけど、この分館や本館で**議員同士の密談**がされたりするとかしないとか……。

♥　ええー、どんな話をするんだろっ!?

☆　さて、私は探し物があるから、テキトーに見てなさい。

♥　はーい♪

☆　ただいま。やっと探していた資料があったわ。

♥　ずいぶん時間かかりましたね?

☆　検索ワードがちょっとちがっていたの。でも司書さんがすぐに教えてくれたし、周辺資料まで案内してくれてホント助かったわ。

♥　そういえば、分館では何冊まで本を借りられるんですか?

☆　本と雑誌を合わせて5冊まで。本は新刊でなければ1ヵ月、雑誌は1週間。ちなみに国会図書館本館は、一般の人も入館可能よ。本は貸出禁止で閲覧のみだけど、食堂に**お弁当持ち込み**が可能だし、メニューも安くてイケルわよ。

♥　お弁当持参OKなんですか。それなら気軽に行けますね。

☆　書籍だけでなく、古い錦絵やマイクロフィルムなどの貴重な資料も所蔵してあるからね。昔の史料から図版を探すなんてときは、一日仕事だもの。

♥　今度、本館にも行ってみよっと。あ、先輩、先に戻っててください。雑誌コーナーに、まだ読んでないファッション誌があったんです〜♪

☆　勤・務・中・よっ！

国会図書館本館は800万冊以上の書籍と1000万枚以上の資料を収蔵する、日本最大のデータベースでもあります。みなさんもぜひ、足を運んでみてください。

R-18コーナー
いやん♥

scene:18

肩身のせまい喫煙者

国会スモーカーの実態

マチコ先輩☆ ちょっとたばこ、一服してくる。

新人カスミ♥ はーい。そういや、国会内って**分煙化**されてますよね。先輩はいつもどこで吸ってるんですか?

☆ 中庭の裏側。外でゆっくり吸ったほうが気分いいし。国会本館内にはいくつか喫煙所があって、詳しい数はわからないけど片手でおさまる程度だね。ホント、愛煙家はどんどん肩身がせまくなるよ、まったく。

♥ やめればいいんですよ~。議員会館だって吸える場所は限られているし。

☆ 喫煙ブースがあるうちはいいんだけど。お肌にも悪いからねえ……。

♥ 議員会館のブースは会議が終わったあとは煙で真っ白、中の人が見えないくらいひしめきあってますもんね。

そういや、議員さんはどこで吸っているんだろう。

☆ 議員によっては喫煙可の議員事務所もあるわよ。

施設としては、事務所の議員にまかせているみたい。

でも最近は吸わない議員が多くなってきたわね。

喫煙所の雑談って、けっこういい情報源だったんだけどなあ。

♥ お肌どころか身体に悪いんですから、気をつけてくださいよ、先輩。

「健康増進法」を採択した国会そのものが、タバコのルールに甘かったらお話になりません。一番最初に路上禁煙を採用したのも千代田区ですし、吸わない人への配慮が行き届くのはいいことですよね。

scene:19

永田町ガールおすすめランチ♪

国会グルメ事情

マチコ先輩☆　さーて、お昼にしようか？

新人カスミ♥　いいですね。ちょうどおなかすいていたんです。どこ行きます？

☆　**食堂は混んでる**かもしれないけど、どうする？

♥　午前の委員会、終わったばっかりだからですか？

☆　国会の開会中は人も多いしどうしても混むのよ。閉会中は人も少ないしのんびりしているから、赤坂やちょっと遠出して銀座方面まで行くんだけどね。

♥　よく行く食堂は衆参の議員会館の地下ですよね。

和洋中そろってて、いいですよねー。

☆ 値段は参議院の議員会館がいちばんお手ごろで、定食が**平均600円**前後。

続いて第二、第一衆議院議員会館という順番で平均的に安いかな。秘書会でアンケートをとったらしいけれど、人気もこの順番らしい。

♥ でも、第一、第二は種類が多いですよ？

☆ そうね、いつもとちがうものを食べたいときは第一に行くかなぁ。おすすめは衆議院第二別館の1階、喫茶店「茜」のカレーね。専門店のカレーが600円前後で食べられるのよ。

♥ こないだ議員秘書のサクラダさんに、参議院本館地下の「藪伊豆」に連れて行ってもらいましたよ。

♥ 衆議院の陸橋下にもあって、参議院のほうはやや値段が高いけど私はこちらのほうが好きかも。

ご飯とおそばがついて600円くらいですけど、かやくご飯がおいしかったですー。

☆ おそばといえば、参議院にある「一茶そば」。

ここはとにかく量が多くてしかも安い！

もりそばが310円で、普通のそば屋さんの大盛りぐらいの量なの。

しかも、ここのそばは1本1本がどこで切ったらいいんだろーってくらい長い。

男性に絶大な人気があって、議員もけっこう出没するとか。

♥ ひえ〜、どこに行ったらいいかわかんなくなってきた〜!!

☆ あまり職員は行かないけど、議員食堂もあるわね。

国会参観に来た人には人気みたいよ。

国会弁当っていう幕の内弁当もあるけれど、参観者はだいたいカレーを食べてる。

♥ 参議院には寿司カウンターもあるわ。

♥ どこの食堂も、

外で食べるより**量が多い**からおトク感がありますね。

☆ これでもまだおもなところしか言ってないわよ。

職員食堂があるし、喫茶店だってあるし。

♥ どこでもいいから早く行きましょうよ～。お腹ぺこぺこです。

職員の方々は基本的に12時～13時にお昼休みをとっていますが、時間が決まっているわけではありません。議員や秘書は昼食がそのまま打ち合わせ時間になることが多く、時間もないので早食いの方が多いです。

scene:20

まるでSF!? 地下シェルターの存在

国会防御に関するウワサ

マチコ先輩☆ ねえ、知ってる? 国会議事堂って実はスゴイのよ。

新人カスミ♥ いきなりわけわかんないですよ〜。なにがどうスゴイんですか?

☆ 議事堂を守るようにして、ぐるっと関係建物がまわりをとりかこんでいるのよ。※P7参照

国会を正面から見てみると、まず前庭が左右にあるわよね。ここに庭があるのは景観ってこともあるけれど、**敵に対する防御**のためでもあるんだって。

前庭には一本道しかないのも、この道をふさげば正面突破はできなく

なるからって言われているわ。

ぐるっと議事堂をとりかこんで道があるけど、抜け道となる道はどこにもないでしょう？

♥ 言われてみればたしかに……。

☆ 議員会館の間も、第一と第二の間にある道しか通れないようになっているの。

しかも坂が急になっているのは、むやみやたらに上ってこれないようにしてあるためだって。

さらに各省庁の建物が国会周辺にあるけれど、これはすべて**議事堂を防御する盾**になっているらしいし。

♥ えー!! 省庁はすべて国会の盾がわり!?

☆ 衆議院、参議院別館も、議員会館もそう。すべてそういう都市計画のもとで設計されたんだって。

♥ ふえー、そうなんだー。

☆ ちなみに議事堂周辺に高い建物がないのは、周辺が国有地で、しかも「特別行政区」だっていうのもあるけど、議事堂との景観のバランスを考えて建てない決まりらしいわ。

♥ なるほど、それで国会議事堂や駅周辺がどうもさびしいんですね。

☆ それと地下鉄永田町の駅はウワサによると**地下シェルター**になるらしいわ。

♥ 地下シェルター!? ホントですか?

☆ だれも見たことがないし、すべてウワサだけどね～（ニヤリ）

昔から語られる「国会防御構想」ですが、あくまでウワサです。地下シェルターなんて話まで出てくると、もうＳＦみたいな話で……真相はだれも知りません（ニヤリ）

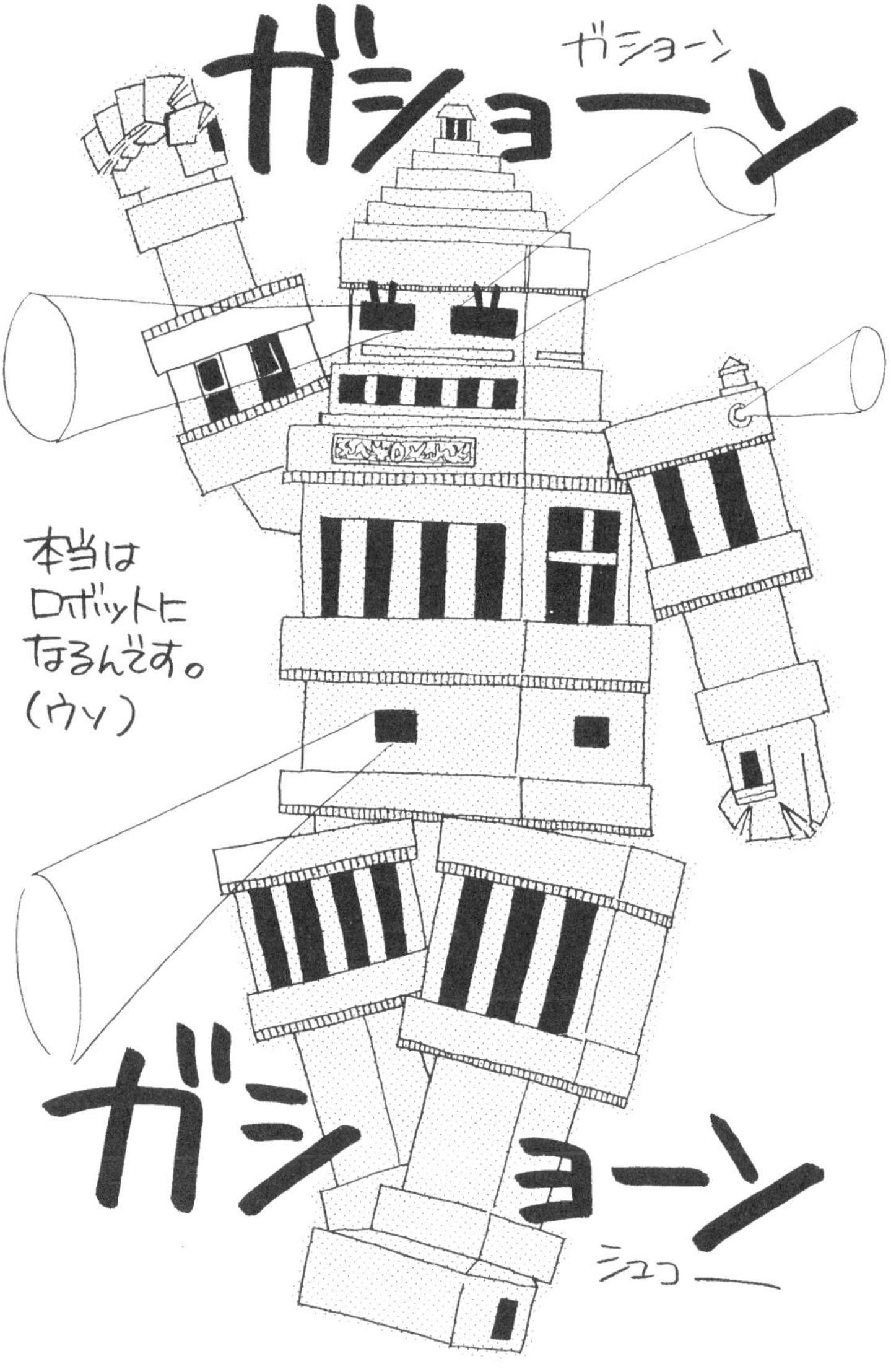
ガショーン
ガショーン
本当は
ロボットに
なるんですす。
(ウソ)
ガショーン
シュコー

scene:21

議員の面会はこちらへどうぞ♪

国民との接点・議員会館

新人カスミ♥　議員会館の**面会受付**、大行列でしたよ。

マチコ先輩☆　議員さんのところには、たくさんの人が来るからね。

♥　でも、議員会館って、なんだか敷居高そうですよね。

☆　基本的には**だれでも入れる**のよ。

♥　え、そうなんですか!?

☆　ただし、議員に面会したいって受付で申し出て、許可が出たらだけどね。面会票に記入して受付で確認して、事務所から許可が出たら衛視に面会票を渡す。金属探知機のゲートをくぐって……それでようやく中へ入れるって感じね。

♥　金属探知機って……なんだかブッソウですねえ。

☆　昔はなかったらしいけど、テロへの警戒のために導入されたの。会館宛てに電話やメールの脅迫があるみたいで、衛視はそのたびにふりまわされていたとか。

♥　来客禁止にするわけにもいきませんしね〜。

☆　議員会館は、国民と国会議員がコンタクトをとれる大切な場所なの。だれでも安心して入れるようにするために、どうしても必要なシステムだったってわけ。

♥　**国民と接点**のある場所かあ……。でも、だれでも入れる場所だってコト、知らない人のほうが多いですよね。私も知りませんでした。

☆　でも、思わぬ珍客もけっこう来るみたいよ。議員事務所は面会に来た人のことを、よっぽどのことでもないかぎり通しちゃうから。

♥ どんな人が来たんですか？

☆ ある事務所には、某企業の新人営業マンがいきなり「名刺交換してくださいっ！」って来たらしいわ。議員の名刺が欲しかっただけらしいの。あいにくお目当ての議員は不在で、仕方なく秘書の名刺をもらっていったみたいだけど。アポとるくらいは**社会の常識**じゃない？

しかも、その後は音信不通みたいだし。

♥ 議員事務所も大変ですね〜。

政治に関する素朴な疑問なども、必要とあれば議員は面会してお答えしますよ。不在でも、われわれ秘書が対応します。最近では自分のホームページやブログを開設する議員も多いので、メールのやりとりも増えてますね。

ズラ〜ッ
アイドル議員ツアー
ただいま3時間待ちでーす
えー
最後尾

カスミの初体験 国会演説の巻

国賓のお言葉をいただく

マチコ先輩☆ あ、今日は国会演説の日だ。

新人カスミ♥ **国会演説？** なんですか、それは。

☆ 各国の大統領や総理など、ゲストの国賓が議場で演説することよ。衆議院の本会議場で開かれるの。行ってみる？

♥ え、見に行ってもいいんですか？

☆ 大丈夫よ。委員会や本会議の傍聴と手続きは変わらないわ。職員なんだから、記章と身分証は忘れないでね。それと、余分なモノは持ち込まない。携帯電話もダメよ。

♥ わかりました！

♥ ここが本会議場ですね。

☆ あー、なんだかドキドキするなぁ。

さすがに国会演説ともなると混んでいるわね。

ふだんは衆議院議員しか入らない議場だけれど、国会演説のときは参議院議員も一緒なの。

♥ 傍聴席も議員席も、すごい人混みですね。

あ、中央に両国の国旗がある！

☆ 友好の証ね。ちなみに、総理大臣は議員席の真ん中に座るのよ。

で、衆参議院議長のエスコートで入ってくるの。

国賓の話は**母国語で話す**から、

入場時にもらったイヤホンをつけてね。

同時通訳が聞けるから。

♥ うわ〜、ハイテクだ。

☆はしゃぐほどのもんじゃないでしょ。衆議院議長の話が終わったあとに国賓の挨拶があって、あとはだいたい30分くらいで終了するから。

じゃ、私は帰るわね。

♥あれ、先輩は聞いていかないんですか?

☆傍聴席のカタいイスがキライなのよ、私。

それに、**忙しいし。**

♥……まるで私がヒマみたいじゃないですかっ!!

国賓による国会演説の際、施設内はちょっとした騒ぎになります。護衛も強化され、あたり一体が騒がしくなりますが、秘書や職員が傍聴席に行くことはほとんどなく、たいてい院内テレビで見ています。

どーーーん
よく見えないなあ

chapter:3 「チーム国会」のメンバーたち

scene:22

議員の名前と顔が覚えられない（泣）

衛視と受付に不可欠のスキル？

マチコ先輩☆　お、新しい『**国会便覧**』だね？

新人カスミ♥　はい！ 全議員のデータが入ってますからね。趣味とか生年月日とか、けっこう楽しいですよ～。でも、こんなにたくさんの議員がいて、顔と名前をすべて覚えるなんて**正直無理**ですよ。全部覚えている人なんて、いるのかな？

☆　いるわよ。

♥　え、だれですか？

☆　まず衛視さん。毎日要所に立って、国会を訪れる人をチェックする仕事でしょ。議員の顔と名前を覚えていないと話にならないじゃない。

♥アヤしい奴かどうか、わかんなくなりますもんね。

☆まあ、たまたま議員バッヂを忘れてきた議員を入り口で止めちゃった、なんて話を聞いたこともあるから、どこまでカンペキに覚えているかはわからないけどね。でも、受付の人たちはもっとスゴイわよ。

♥そうなんですか？

☆受付は、議員が出てくるときに瞬時に識別して、配車のアナウンスを流しているでしょう。

このアナウンスを聞いて、お付きの運転手が玄関前に車を持ってくるのよ。あの受付と運転手の連携プレーは、なかなか見事なものよ。

♥たしかに、会館出口でどんなにたくさん議員がいても、車はちゃんと順番に来てますもんね〜。

☆受付に配属されると、なによりもまず議員の名前と顔を覚えるんだって。四六時中、便覧や資料とにらめっこ。

トイレに貼りつけてぶつぶつ暗記する、なんて涙ぐましい努力する人もいるとか……。

♥ ほぇ〜。まさにプロ中のプロ、大変ですね〜。

☆ あら、私たちだって覚えなくていいわけじゃないのよ。私だって、過去5年間くらいのイケメン若手議員なら自信あるわ。出没エリアや行きつけのお店も知ってるし。

♥ それもスゴイ。……でもどうやって出没エリアまで調べたんですか?

☆ カンタンよ、尾行したの。

♥ 先輩、それじゃストーカーです……。

受付の方は、だいたいカウンターに1〜2名いらっしゃいます。議員がすっと手をあげて合図するだけで、アナウンスして正面玄関に車を手配してくれます。

千堂議員
戦闘議員!?
せんとー
先頭に議員いる?
せんとうへ?
銭湯に議員を!?
はい
おフロ!?

scene:23

国会を守るビジュアル系♥

衛視さんは美男美女ぞろい

新人カスミ♥ 先輩、衛視さんって募集資格あるんですか？

マチコ先輩☆ なに突然？

♥ いやー、衛視って**ビジュアルのいい人**が多いなあと思いまして……まさか、顔で採用されているとか!?

☆ そんなわけないでしょ！ でも言われてみればたしかにイケメン・美人ぞろいだわね。

♥ でしょー？ メンクイな先輩がよくほっとけますよねえ。

☆ あら、**ほったらかしてなんかない**わよ？

♥ ……くわしく聞くのはやめておきますね。

☆
でも、女性衛視さんもかわいい人が多いんですよ。私服に着替えて街を歩いたりなんかしたら、みんなふりむく美男美女ですもん。

☆
参観などの一般来訪者が最初に話をする国会関係者って衛視だから、国会の顔ってことかしらね。

でも、衛視って大変よ。ずーっと外にいるから夏は暑いし冬は寒い。冬場はつらいから使い捨てカイロを身体中に貼りまくっている人がいるって聞いたわ。

♥
うあ、大変だ……。仕事とはいえツラそう。

☆
そういえば、参議院の衛視は全員正規職員だけど、衆議院は現在、一部の衛視を外部にお願いしているの。**求人募集**も出ているみたい。

♥ なるほど。
でも、見た目はなんだか細身な人も多いし、
二の腕だけなら先輩のほうがよっぽど……。

☆ どういう意味？（怒）

♥ きゃー!! 衛視さん、
ここに**コワ～い目**をした女性がいますよぉ!!

衛視さんがイケメンばかりかどうかはわかりませんが、頼りになるのはたしかです。よく警察官と間違えられて道を聞かれたりするそうですが、親切に教えてくれますよ。

美人衛視とは…本来の目的を忘れさせるためのの策略なのです!!
※このような制服ではありません!!

scene:24

オ　色兼備のスーパーレディ♪

美人が多い女性議員秘書

新人カスミ♥　はー、**あの人キレイ**だなぁ。

マチコ先輩☆　なに見とれているの？

♥　今すれちがった女性って、議員秘書さんですよね？
あんなにキレイな人いましたっけ？
身なりもきちんとしていて、歩く姿も知的でカッコよくて、ホント見とれちゃいますよぉ。
やっぱり**ルックスで採用**されているのかな？

☆　うーん……でもね、秘書の仕事ってルックスだけでやっていけるほど甘くないよ。

♥ どんなことするんですか？

☆ 議員のスケジュール管理はもちろん、お茶くみ、電話応対、資料作成などなど。
議員の代理として関係者の冠婚葬祭に出席することもあるし。
選挙の応援はもちろん一大事で、議員がいない間は地元の顔つなぎ的な役割もするのよ。

♥ **うわ、ハード**だなあ。

☆ 議員が落選したら秘書だって基本的に仕事がなくなっちゃうわけで、文字通り一心同体、議員のいわば片腕となる存在ね。
秘書がミスしたら、議員のイメージダウンにもなる。
ニコニコしてても、ココロで涙流している秘書って多いのよ。

♥ そうなんですか〜。

☆ 男性秘書の場合はもっと大変かもね。

休日もビラ配りとか仕事しているトコをよく見るし。
若い秘書はとくに体力があるから、後援会の飲み会なんかで議員のかわりにメチャクチャ飲まされるって聞いたことある。

♥

へぇー、大変な仕事なんですね、秘書って。

☆

私たち職員にも気をつかってくれるし、対応もいいしね。
才色兼備とは彼女らのことを言うのかも。

♥

私には無理かも……。

☆

かも、じゃなくて、ムリ!!

♥

少しはフォローしてくださいよぉ……（泣）

「秘書をルックスで採用」なんて、そんなハンパな理由で選んだら、後悔するのは議員自身。自分の分身となる存在ですから、やっぱり実力重視で採用されていますよ。

完敗!!

scene:25

縁の下の力持ち

国会をささえるさまざまな人々

マチコ先輩☆ ちょっと、どこ行っていたの？

新人カスミ♥ すみません、トイレで清掃の職員さんと思わず話しこんじゃって……。でも、トイレもそうですけど、国会内ってほとんどゴミが落ちてないですよね。

☆ ちゃんと清掃担当の職員が、定期的に掃除してくれてるからね。

♥ そういえば、**「廊下の壁の穴」**にはおどろきました。

☆ あれはびっくりね。穴に機械のホースを入れたら、たちまち**掃除機になる**んですもの。壁やエレベーターも定期的にモップでふいてあるし、細かいごみはちゃんとホウキで掃いてくれてるし。

♥ ありがたいですね。

☆ そういえば、正面玄関前の噴水があるでしょ？ 議会運営100周年記念につくられたものなんだけど、停まっている車に水がかからないようにときどき確認している人がいるの。強い風なんかで水が飛ぶと、車が汚れるかもしれないから。

♥ 噴水の水、けっこう勢いがありますもんね。でも、私たち職員だって、同じように見えないところで国会を支えてるんですよね？

☆ もちろん。そうとわかったら、せめて自分の机まわりくらいはきれいにしておきなさいね!!

♥ え～ん、そうなるのか……（泣）

ところで国会の事務用品や設備などは、ほとんど日本製です。ただ、議事堂建設のときに日本ではつくる技術がなかった本会議場のステンドグラス（英国製）、特注のカギやポスト（米国製）などは例外です。

scene:26

ナマ議員を見てココロときめく

職場ですれちがうアノ人・コノ人

新人カスミ♥

マチコ先輩☆

♥ ……!! 先輩、今すれちがったの△△大臣じゃないですか!?

☆ そうね。なに騒いでるのよ。

♥ だって、△△さんですよ!! うわー、**ナマで見ちゃった♪**

☆ 国会なんだから、議員がいるのはあたりまえじゃない。

♥ まあ、そうですけど……。先輩は、議員さんとお話したことあるんですか?

☆ ほとんどないわね。いちいちトキめいてもいられないし。

♥ 国会にいるとはいえ、あんまり議員さんと話す機会はありませんもんね。

☆ 部署にもよるけど、用事があってもほとんど議員秘書さんが相手だね。

ま、私も新人のころはアンタみたいにキャーキャー言ってたけど。

♥ ふうん、先輩にもそんなかわいい時期があったんですねえ（しみじみ）。

☆ なんでそんな遠い目になるのよ（怒）。そんなに議員が見たいんだったら、委員会の直前や直後、昼休みにウロウロしていれば会えるわよ。本会議終わったあとなんか、ざっくざくの大豊作だわ。

♥ ……なんでそんなテクニックを知っているんですか。でも、議員ってざっと衆議院で480人、参議院で242人もいますよ。みんなスーツ姿だし、パっと見ただけじゃ**見分けがつかない**ですねぇ。

☆ 議員かどうかもわからないことのほうが多いしね。だから私はバッヂを見て、「ああ議員さんだな」って。

♥ そうか、**議員バッヂ**で見分けるのか。

☆ 声でもかければいいじゃない。私ファンなんです！ってさ。

♥ ええ!! そんなめっそうもない……。

☆ そんなことないよ。握手してください! って握手してもらった人いるし、著作にサインしてもらった人もいるもの。

♥ もちろん、私たち職員の特権ってわけではなくて、本来、議員さんと国民ってそういうふれあいは**あって当然よ?**

☆ そうか、職権乱用!! ってわけではないんですね。

♥ ま、失礼のない程度なら、ね。ただ、私たちは仕事でここにいるんだから、そのこと忘れないように。

♥ わかってますって♪ じゃあさっそく、本会議場へ行ってきまーす!!

テレビに出るような有名議員以外の方となると、僕らでも全員はわかりません。ただ、お名前だけは知ってて「ああ、△△さん!」てなことは、しょっちゅうあります。

やめなさい!!
スパン!!
萌♡
パシャ
パシャ
パシャ
大物

scene:27

議員さんがうらやましい!?

議員専用設備のあれこれ

新人カスミ♥　先輩！　私、議員になります！

マチコ先輩☆　どしたの？　熱でもあるの？

♥　だって、国会に勤めていると、やたら**〈議員専用〉**がいっぱいありますよね。この間、会館でエレベーター待っていたんですけど、議員専用っていうエレベーターがあるんですね。こっちの一般用がもたもたしてて全然来ないのに、ぴゅーって来て、ぴゅーっと行っちゃうんですよー。

☆　でも、本館のエレベーターには専用はないから、だれでも利用できるわよ。

♥食堂の議員席もそうですよね。会館の食堂の奥には議員専用の席があって、寿司カウンターがあったり、ゆったりしたつくりになってるって聞きましたよー。

☆ま、昼どきは食堂が混むから、そういうときはちょっとうらやましいと思うけど。あ、医務室や歯科も議員専用があるわね。

♥はー、スゴイなあ。やっぱり議員っていいなあ。朝だって、宿舎から議員専用バスが送ってくれるし……。あのバス、私たち職員は乗れないんですか?

☆議員専用だから乗れないよ。朝と夕方、各議員宿舎と国会を往復しているだけだから、そもそも駅からなんて乗れないし。

♥そうかぁ、残念。

☆開会中は毎日、たしか朝は2~3便、夕方は1便走るはず。夕方はだれも乗ってないこともあるけど、朝はけっこう乗る議員がいるみたい。

♥ でも、ほとんど使われてないバスなんてイミあるんですか？

☆ ひとつに議員は**〈公人〉という立場**があるからね。外部の攻撃から守る護衛の意味もあるみたい。ただ、最近はマスコミなんかに「ガラガラのバスを走行させるのは無駄だ」なんてたたかれてるのも事実。世間の声を反映したのか、運行が見なおされることになったっていうけど……。っていうか、そんな専用設備がうらやましいから議員になりたいの？

♥ ダメですかね？

☆ あたりまえでしょ!!（怒）

議員専用の設備はいろいろあります。「公人」としての時間を有効に使い、仕事が円滑に進むための配慮なのでしょう。ちなみに議員専用バスについては、2006年2月の衆議院事務局改革委員会で、廃止もふくめて検討していくことが決まりました。

上に乗ってもいけません
イエー!!
議員専用
入口
○○-××
職員は乗ってはいけません

scene:28

センセイ？ ダイギシ？

議員の呼び方・秘書の呼び方

新人カスミ♥ 先輩、今、スゴイもの見ちゃいました！ 議員さんって、ホントに **「代議士！」** って呼ばれているんですねー。

マチコ先輩☆ それってスゴイことなのかしら……？

♥ だって、「代議士」なんて呼び方、テレビの世界だけだと思ってました。

☆ 平和な子ね～。ただ、代議士って呼ばれるのは衆議院の議員だけよ。参議院議員は **「先生」** って呼ばれているわ。

♥ なんで衆議院だけそう呼ばれるのですか？

☆ 「国民の代理」という意味らしいよ。ちなみに議員秘書のことは「秘書」って呼んでいるけど、公設秘書と私設秘書がいるからまちがえないでね。

♥ 公設と私設、なにがちがうんですか?

☆ 公設秘書は国で雇っていいよって許されている秘書で、公務員扱いなの。
で、私設秘書は議員が個人的に雇っている秘書のことよ。
平たく言っちゃうと、
私設秘書は事務所に雇われている**サラリーマン**ね。

♥ ちなみに、私たちは職員なんて呼ばれるんですか?

☆ 「国会職員」よ。

♥ そのままじゃないですかぁ……。

明治時代、選挙で選ばれた国民の代表が衆議院議員で、華族などの有力者が天皇に任命されたのが貴族院（現・参議院）議員。「代議士」「先生」と呼び分けるのは、そのころの名残のようです。

scene:29

ピンクの公用車はダメですか？

国会に黒塗り車が多い理由

マチコ先輩☆　なんでさ、議員の車って黒が多いんだろう。

新人カスミ♥　え、先輩でもわからないことがあるんですか？

☆　あたりまえでしょ。**公用車は黒**で車種も決まりきっているからいいんだけど、プライベートな車まで黒にする必要ないじゃない？　赤だって青だって白だっていいんだからさ。

♥　たしかにそうですね。**私はピンクの公用車**がいいなぁ……。

秘書サクラダ君♠　そんなハデな公用車、カンベンしてくださいよ～。

♥　あ、サクラダさん。

☆　ちょうどよかった、なんで議員さんの車って黒ばっかりなの？

♠ え、そんなどうでもいいことを……。

♠ 憶測ですけど、黒がやっぱり威厳があるからじゃないですかね？
高級車といえば黒っていうイメージもありますし。

☆ それだけ？

♠ 個人的な趣味もあると思いますよ。

ピンクとか白ってのは目立つしイヤなんじゃないかなあ。

駐車場見ても黒ばっかで、夏なんか暑そうですよ。

♥ う～ん、まぁ本来は自由なんですけどね……。

♠ でも、国民を代表する立場ですし、赤いスポーツカーなんか乗って登庁したら、応援者はもちろん、僕ら秘書でも冷めちゃいます。

あんまり軽率なマネは怒られちゃいますし、もっと議員の本業でこそアピールしないと。

フォーマルや通勤用ってわけじゃなくても、国会に来る議員さん個人の車は、やっぱり黒の乗用車が無難でしょうね。
☆ 公用車もね。
♥ わかりましたよー。自分でかわいいの、買いますっ!!

環境保全のために、公用車もハイブリッド車などの環境に配慮した車に変わってきています。また、地元に帰れば議員さんの車も乗用車や軽自動車、ときには軽トラだったりします。

マチ子号
荒波
女は海
あたしの公用車よ!!
ええっ!?

scene:30

あかずの扉、解禁！

当選から初登庁まで

新人カスミ♥　先輩、タイヘンですっ！　いつも閉まっている**「あかずの扉」**が開いてます！

マチコ先輩☆　ん、ああ、正面玄関のことね。選挙が終わったから、招集日に向けて掃除したり衛視が確認したりするのよ。

♥　そうなんですか。

☆　選挙が終わってから30日以内に開かれる特別国会ね。よくテレビなんかで「登庁ボタン押してこっち向いてくださーい」っていう場面があるでしょう？　あれは正面玄関で行われるの。この初登庁の日は、1年生議員が議員バッヂをはじめてつけてもらう**ハレの日**でもあるのよ。

♥ 話題の新人議員とか、タレント議員がよくやってますよねー。

☆ ちなみにあかずの扉……じゃなくて正面玄関を使うのは、この特別国会のときと、天皇陛下が国会開会式に臨席されるとき、あとはゲストの国賓が国会を訪問するときにだけ使われるの。ふだんは議員会館からいちばん近くて私たちも使う、通称「裏門」って呼ばれる門を使うの。

♥ あ、あれって裏門だったんですね。知らなかった……。そういえば、さっき議員会館に行ってきたんですけど、胡蝶蘭を持った花屋さんが多かったなぁ。引越し業者みたいな人もたくさんいて、ごったがえしてました。

☆ **入れ替わりの風物詩**よ。参議院は3年に一度の改選だから予定が立てやすいけど、衆議院はいつ解散・総選挙になるかわからないからね。

♥ 落選しちゃったら、議員事務所は明け渡しですもんね。感傷にひたる間もなく片づけがはじまるのって、なんか気の毒……

☆ ゴミの廃棄場に、棚や電化製品、書類がわんさかと積んであるはずよ。電化製品は職場用なら先着でゆずりあうこともあるって聞いたわ。

♥ え、そうなんですか!?……あの、ちょっと出かけてきてもいいですか?

☆ どこ行くの?

♥ いやー、ちょうどこないだウチの炊飯器が壊れちゃって、ちょっと探しに行こうかなぁなんて……

☆ お持ち帰りは、**厳禁**よ。

♥ えー、ケチー。

当選議員の初登庁は、僕らにとっても一大イベントです。地元の支援者が大挙して激励に来ることもあり記念撮影や国会見学のガイドなど、大忙しです。

新人議員　最初の仕事は….

笑顔で ポチっとな♡

scene:31

国会御用達の情報をゲット♪

とっても使える『調査と情報』

新人カスミ♥　新聞以外で社会情勢がわかるもの、ないですかね?

マチコ先輩☆　そうねぇ、国会図書館が出している『**調査と情報**』を読んだら? そのときどきのタイムリーなネタをピックアップして、現状と問題点、あるいは海外との比較などがまとまってて便利だよ。

♥　今までどんなものがあったんですか?

☆　ライブドアや村上ファンドがマスコミをにぎわせていたころなら『M&Aの促進と敵対的企業買収防衛策』とか。合併のスタイル別に問題点がまとめてあって敵対的買収防衛策の現状、今の法律で実際に防衛ができるか、米国の事例まであるね。冊子になっているし、国会図書館のホームページからも見ることができるから、どんどん利用するといいよ。ちなみに**議員もこれで勉強してる**し。

♥ 今ホームページ見てますけど、なかなか面白いですね。『H－2Aロケット打ち上げと日本の宇宙政策』なんて、興味深いです。あ、先輩にぴったりなのがありましたよ。『結婚できない女をめぐる論点』。

☆ そんなのあったっけ!?

♥ ジョーダンですよ♪ あれ、先輩……？

ゴツンッ！

♥ ……痛う（泣）

僕のボスの場合は『調査と情報』のほか、新聞（5大紙と地元紙や地方紙）や雑誌（週刊・月刊計7～8誌）がメインの資料です。これに書籍も加わるので、秘書がピックアップするとはいえ、なかなか膨大な量になります。

scene:32

ビバ♪ 給料日〜☆

歳費は高いのか？

新人カスミ♥ わーい、**やっと給料日だぁ!!** ううう、ラスト3日はツラかったなぁ（泣）

マチコ先輩☆ はいはい、泣かないの。

♥ そういえば、私たち職員はフツーに「お給料」って呼びますけど、議員のお給料って「歳費」って呼ぶんですよね？

☆ そう、予算から出ているから「歳費」って呼ぶらしいわ。

♥ なんか、どう見積もっても**議員のお給料は高いと思う**んですけど……？

☆ 一概には言えないけど、びっくりするのは30歳の若手議員も60歳のべテラン議員も、歳費は同額ってこと。年齢に関係なくもらえるのよ。ちなみに30代のサラリーマンが頑張っても年収300~400万の時代、議員歳費は年額2200万607円。議長で3698万9065円、副議長は2693万7997円（平成18年1月から12月まで）。ちなみに議長は内閣総理大臣と、副議長は国務大臣と同じ額の歳費がもらえるのよ。ほかに仕事のための旅費や経費などがあって、「文書通信交通滞在費」という費用が月100万円。あと、会派に所属している場合は「立法事務費」が月65万円交付されるわ。それと地下鉄、JRは乗り放題で、新幹線や航空チケットもちゃんと支給されるのよ。

♥ ふぇーすごいなぁ。

☆ でもね、議員は公人扱いなのよ。パーティの売り上げや持ち家、車などの資産は公開される決まりになっているわ。

♥ 歳費もびっくりですけど、**年金も多く**もらえるんですよね？

☆ 年金は、ずいぶん問題になったからね〜。前は在職10年以上の議員に対して支給されたんだけど、今は在職10年以上の議員は20％削減した退職一時金か、今の給付額より15％減らした年金額を受け取るか、どちらかを選ぶようになったのよ。10年未満の議員は給付送金額から20％減らした金額が一括で支給される。完全に**議員年金が廃止**になるのはまだまだ先ね。

♥ ふーん、私も議員になろうかな。そしたら先輩を秘書に雇いますよ！

☆ カスミちゃんの秘書!? カンベンしてよ〜。

議員の歳費はやたらカットが叫ばれますが、実は事務所の運営費や秘書の人件費でほとんど消えて、中には借金までして活動を続ける議員もいます。よく精査して歳費の運用や減額を考えないと、正直者がバカを見ます。

一般議員 歳費は同額!!

scene:33

永田町ラブ・ストーリー♥

国会恋愛模様あれこれ

新人カスミ♥　**ショック!!**　ひそかにいいなぁって思っていた衛視さんが結婚してたー!!

マチコ先輩☆　よくあることよ。国会って**職場結婚多い**もん。

♥　そうなんですか!?

☆　だれとだれはつき合ってるとか夫婦だとかって話、けっこう聞くもの。私はそんなに詳しくないけど、どこからともなく耳に入ってくるから。

♥　ふぇえー。

☆　しかも「国会の記録係（つまり速記の人）と、あんまり接点のなさそうな衛視さんが結婚している」なんてのもよく聞くし。

♥ なぜそのカップルが多いんですか？

☆ 速記は女性がほとんどで、衛視は男性が多いでしょ。

だから**コンパ**する機会も多いみたい。

ほかにも、女性職員が「いい人いるからどう？」なんて、

どっかの議員秘書を紹介されることもあるって。

♥ おお、**将来有望株との玉の輿**だぁ～♪

☆ そういえば男性秘書と女性職員のカップルはよく聞くけど、

女性秘書と男性職員がつき合っているというのは聞いたことないかも。

まあ、国会勤務の私たちって外部との接点があんまりないし、

内部の機密事項も少なくないから、

なかなか外の一般職の人と結ばれるのはむずかしいのかもねぇ。

♥ そんなに職場恋愛がさかんなのに、先輩はいまだ独身なんですね……。

☆余計なお世話だっ！

♥人の心配する前に、アンタもがんばんなさいよ〜。

☆私はちゃんと地元に彼氏がいますから大丈夫です♪

ガーン!! そうだったの……!?

たしかに国会職員と秘書の結婚という話は聞きますし、コンパなんかもやってるそうですが、僕のところにはそんな話はないですよー（泣）言うほどさかんでもないようです。

国会コンパ!?
お見合いって
かたそうだなぁ

月のお盆休み前に終わることが多い。

8月
国会閉会後、職員は雑務処理に追われるけど、国会内は静かで人も少なくなるわ。夏休みは議員にとって地元への還元期間。選挙活動にもつながるとても重要な時期で、応援してくれる方々への挨拶や国会報告会なんてイベントを開催したりするわね。単身赴任の議員はここぞとばかりにめいっぱい家族サービスをしたりもするし、地元に帰るだけでなく、外遊に出かける議員が多いのも閉会中の特徴。国会にいるときよりも忙しいかもしれないわね。ちなみに、国会勤務の議員秘書は、ようやくここでひと息つけるとか。
ただし、緊急の案件があれば閉会中でも委員会を招集して審議は続くの。大変よねぇ。私たち職員は国会が開会されていなければ、基本的には平穏無事な日々。ここぞとばかりに休暇をとる職員がほとんどよ。夏休みと重なるから旅行に行く人も多くて、休み明けにはお土産のお菓子が山のように積み上がるの。

9月
夏休み後は、だいたい臨時国会がある。法案提出から審議まで、補正予算案の審議などがおもな案件かな。

10月～12月
臨時国会の会期は決まってなくて、だいたい11月か12月ごろに閉会することが多いわね。閉会すると、議員はまたまた地元還元期。職員は休みモードに入ります。ちなみに国政選挙（衆議院解散総選挙、参議院改選選挙）が行われたときは、特別国会が開会される。衆議院解散の場合は、国会期間が残っていても閉会。審議中の法案もいったんすべて廃案になっちゃうから、〈伝家の宝刀〉とはよく言ったものね。

Column☆国会の１年間☆

マチ子　国会のスケジュールって、わりと決まりきったものなのよ。選挙があるときは変わったりもするけど、おおまかな１年間の流れはこんな感じかしら。

１月～３月

通常国会の開会。土日をふくめて150日間、開会されます。はじまってすぐに忙しくなる部署もあればそうでない部署もあって、職員の仕事ぶりはさまざまね。国会では３月末（年度末）くらいまでの予算審議がおもな焦点。３月までにはおおよそ法案（閣法）が作成、提出されるわ。

４月

本格的に法案の審議がはじまるのがこのころ。いよいよ国会の本番で、提出された法案を各委員会で審議していくの。

５月

一般企業のサラリーマンは、ゴールデンウィークに連休があるけど、議員も同じ。前後に休暇申請を出して、外遊に行く議員が多いわね。職員ももちろん暦どおりお休み。

６月

通常国会会期末。ここで国会が終了することはほとんどなくて、だいたい延長される。期間は決まっていないけど、30～40日くらい延長して、８

chapter:4

いま、ここから動くニッポン

scene:34

国会はいつはじまる？

暦で決まる国会開会日

マチコ先輩☆　ううう、どうしよ～。

新人カスミ♥　先輩、なにうなっているんですか？

☆　**カレンダーとにらめっこ**して……いや、映画に誘われたんだけど、国会の開会日と時期が近くてね。いつがいいかなーと思って。

♥　おおっ、デートですか!?

そろそろキメなきゃ先輩もヤバイですもんね。

☆　ヤバイとはなによ！　それより、どうしようかなぁ……。

国会の開会日がわからないから決めようがないんだよね。

♥ 開会日、わかんないんですか？

☆ 国会のはじまる日は、決まった日はないのよ。大安とか友引とか、八レの日に開会されるのは確実なんだけど……。

♥ え、月のはじめとか、5・10・15日とかじゃないんですか？

☆ それならわかりやすいんだけどね〜。
国会には通常国会、臨時国会、特別国会があるけど、確定した開会日は、直前にならないとわからないのよ。
たぶんここが大安だからこの日かなーって予想するしかないの。

♥ へえー、開会日は**暦で決まる**んですねー。
でも、だれが最終的な判断をするんですか？

☆ 衆・参議院運営委員会で決めるの。
開会日と開会式がセットになっていることが多いけど、必ずしも同日でなきゃいけないことはないのよ。

♥ 議員は開会日は**正装を着用**ってことになっているんですよね？

☆ そう、着物を着る議員もけっこういて、記念撮影なんかしてるところをよく見かける。

♥ 着物ですかー、華やかですね。先輩も開会の日は着物着てくるんですか？

☆ 職員は関係ないの。議員でも平服の人もいるしね。

♥ むしろデートの服装のほうが大問題ですもんね〜。

☆ 大きなお・世・話・よ!!

国会は、1年365日の半分以上で開会しています。1月からの通常国会は150日間という規定ですが、だいたい延長しますし、9〜12月の間で不定期に決まる臨時国会や、総選挙後の特別国会があって、なかなかせわしない年間スケジュールになります。

この日とみた!!
必勝!!
馬
競馬じゃないのっ!!

scene:35

先生がた、お集まりくださーい！

本会議開始のベルと院内放送

ジリリリリリリ————!!

新人カスミ♥

マチコ先輩☆

♥ うわーっ！ なんだこのベル!? 火事か？ 火事だぁ!!

☆ なにやってんのよ！ あーあ、お茶までこぼして……。

♥ だって、**すごい大音量!!**

なんで先輩、そんなに冷静なんですか!?

☆ 今のは本会議開始5分前の合図。火事じゃないわよ。

♥ え、そうなんですか？

☆ 本会議の予鈴。開議5分前と、はじまりのときに今のベルが鳴るの。

♥ あー、映画がはじまる前の【ブーー】っていう合図みたいなもんですね。

☆　言われてみれば非常ベルと似てるし、ちょっと心臓に悪いけど、慣れればどってことないわ。ちなみにはじまりのベルのほうが、長く鳴っているのよ。

♥　へえー、ホントに映画みたいだ。

♥　**ジリリリリリリリリリリリリ――――!!**

☆　……あ、いまのがはじまりのベルですね。ホントだ、少し長めに鳴ってる。

☆　これは参議院のベルだけど、衆議院と少し鳴り方がちがうみたいね。衆議院のほうが、若干けたたましい感じがするわ。

♥　あれれ、もう本会議終わりなんだ。早いなあ。

☆　今日は面倒な案件がなかったんじゃない？
そういえば、終わりのベルってのは鳴らないわよ。

〈ただいまより△△委員会がはじまります。委員の方は××委員室に

お集まりください〉

♥ 先輩、今のは？

☆ 今のは委員会案内放送。各委員会がはじまるときに流れるの。

♥ 本会議のベルといい、案内放送といい、**親切ですよね。**

☆ 議員は忙しいからね。放送やベルをたよりに移動することもあるのよ。

♥ この音量なら、建物の中で聞きのがすことはないですね。
でも、トイレでなんか聞いたら、飛び上がっちゃいそう。
大丈夫なのかな？

☆ ま、少なくともあなたは要注意ね。こぼしたお茶、ふいときなさいよ。

♥ ……は～い（しゅん）。

本会議は通常1日1回。時間も定期的なので、大音量のベルは慣れると本当に気になりません。やっかいなのは電話中に鳴ったとき。まったく話ができなくなっちゃいます。

ジリリリリイ
火事だっ
ちがいまんがな

scene:36

クレーム処理のプロフェッショナル

国会事務局広報課

新人カスミ♥　……はい、そうですね……。いや、こちらに言われても困りますぅ……。えーと、えーと、ちょっとお待ちください。

マチコ先輩☆　どしたの？　なんの電話？

♥　いや、△△**議員のスキャンダル**のことなんですけど、えらく怒ってて全然こっちの話を聞いてくれないんです。もう、耳が痛くなっちゃって……。

☆　私が出るわ。……はい、もしもし。こちらは事務局ですので、直接△△議員の事務所におかけなおしいただけますか？　番号は×××の……です。はい、ええ、よろしくお願いします。

♥ はぁ、すみません、先輩。

☆ うちへの問い合わせの電話じゃなかったら、事務所に回していいからね。

♥ そうなんですけど……。

☆ こんな苦情電話ってけっこうかかってくるんですか?。

♥ 少なくはないね。だいたい議員事務所にくるのは、匿名での苦情電話が多いらしいわ。そっけなくするわけにもいかないから、かかってくると対応が大変みたい。身の上相談みたいな電話や、頑張ってくださいっ!って激励する電話もあるんだって。

☆ へ〜。おもしろいですね。

♥ そういえば、事務局にも国会に対する疑問や質問を受けつける**広報課**っていう部署があるのよ。

☆ なんか企業みたいですね。

♥ 一般からの質問はもちろん、マスコミ関係の取材窓口にもなってるの。

♥ たとえば、国会の演説で議員がおかしなことを言ったとか、審議拒否中なんてときには、苦情電話が多くなるらしいわ。外国メディアからの取材申し込みもあるみたいで、英語が堪能な職員が対応するそうよ。

☆ なるほど。

♥ しかも、**議員秘書でも**分からないことがあると、質問したり訪ねたりして利用しているらしいわ。

☆ へー、そうなんですか！

♥ 広報の担当者って、一番世の中も国会のこともわかっている、**プロ中のプロ**かもしれないわね。

資料まとめに使うデータや要人の関連資料のありかなど、僕も広報の方にはお世話になってます。広報課には議員や秘書からの問い合わせも多くいつも大変そうです。

○○議員に彼女はいるのですかっ!?
電話で変装?
そういった質問にはお答えできません

scene:37

国会で国会中継を見る（笑）

全国放送生中継は、議員の晴れ舞台

マチコ先輩☆ この大臣のネクタイ、ステキねー。

新人カスミ♥ あ、テレビですか……先輩って、おじさん趣味？

☆ 怒るわよ。いや、ネクタイとスーツのバランスがいいなーって。

♥ **国会中継**をそんな目で見ているの、先輩くらいですよ～。そういえば、私たちは仕事の一環なんで国会中継をテレビで見てますけど、一般の方は**あんまり見ない**ですよね。

☆ そうね。ふだんは学校や仕事に行ってるからリアルタイムで見られる人ってそうそういないかも。でも、最近はインターネットで中継はもちろん、終わった議事の録画も見ることはできるから。

♥ でも、院内テレビとちがってテレビ中継が入るときの議員って、な〜んか**あきらかに雰囲気がちがいます**よね〜。

☆ そりゃあ全国放送だもん。質疑に立つ議員は質問の練習したり、髪を切りに行ったり、洋服を選んだり、イメージトレーニングしたりする人もいるらしいわ。

♥ そういえば、女性でも議員は「○○君」って呼ばれているんですね。

☆ 決まりごとなの。ほかにも、質疑や答弁に立つ場合は、かならず手を上げて委員長に許可を求めてから発言する、発言時間を守る、とか**ルールがある**わよ。

♥ ふーん、なにげなく見てましたけど、ウラ舞台は大変なんですねえ。

全国放送の本会議や委員会で自分の所属議員が登場することになると、僕らは資料集めや原稿のチェック、コーディネイトなどで大忙し。議場に見送ったあとはもうボロボロです。

scene:38

席がガラガラなのはサボリ？

本会議場の席の数

新人カスミ♥ テレビで見てて思うんですけど、参議院の本会議場って、なんであんなに**スカスカ**なんでしょう？

マチコ先輩☆ 参議院は昔「貴族院」と呼ばれていたんだけど、戦前の施設をそのまま利用しているから議席が多いのよ。会派ごとに大まかにタテにわかれていて、前のほうに座るのは当選回数が少ない議員ってのが、**暗黙の了解**みたいね。

♥ あ、だから拍手や掛け声は前のほうからしているのが多いんですね。

☆ そう、**新人や若手の役割**ってわけ。

ガラーーン
うわー ガラガラですよ!!
今日は休みなの!!

scene:39

多チャンネル時代到来？

国会のすべてがわかる院内テレビ

マチコ先輩☆　院内テレビを××委員会の中継にあわせてくれる？

新人カスミ♥　はーい。

……先輩、チャンネルがありすぎてどこだかわかりませーん（泣）

☆　たしかに、院内チャンネルっていっぱいあるからねえ。

♥　そうなんですよ。

まったく。

でもこんなにチャンネルがいっぱいあるとどれ見ようか迷っちゃいますよね♪

●院内テレビチャンネル案内

【VHF地上波】

1ch NHK総合／3ch NHK教育／4ch日本テレビ／6ch TBSテレビ／8ch フジテレビ／10 ch テレビ朝日／12 ch テレビ東京

【UHF地上波】

13ch 放送大学／17ch MX（東京メトロポリタン）テレビ

【BS・CS衛星放送】

5ch NHK衛星第一／9ch NHK衛星第二／15ch JNNニュースバード／16ch 日テレNEWS24／18ch CNN／19ch 朝日ニュースター

【衆議院放送】

21ch 第一委員会室からの中継／22ch 第二委員会室からの中継／23ch 第三委員会室からの中継／24ch 第四委員会室からの中継／25ch 第五委員会室からの中継／30ch 議場からの中継／31ch 第11委員会室からの中継／32ch 第12委員会室

からの中継／33ch 第13委員会室からの中継／34ch 第14委員会室からの中継／35ch 第15委員会室からの中継／36ch 第16委員会室からの中継／37ch 第17委員会室からの中継／38ch 第18委員会室からの中継／39ch 衆議院審議中継チャンネルガイド／40ch 衆議院本会議・委員会開会表示

【参議院の放送】

41ch 参議院委員会等理事会開会表示／42ch 参議院本会議・委員会当開会表示／43〜51ch 議場、第一、第二、第三、第八、第21、第22、第23、第24、第31、第32、第33、第34、第41、第43委員会質からの中継／5ch 参議院チャンネルガイド

BSch【デジタル衛星放送】

60ch NHKデジタルハイビジョン／61ch BS日テレ／62ch BS朝日／63ch BS－i／64ch BSジャパン／65ch BSフジ

♥ こんなにいっぱいあるんですねー。私の大好きな時代劇チャンネルも

あるのかな♪

☆ CATVとはちがうから、見られないわよ。

♥ なーんだ、がっかり……。

僕らがよく見るのは、NHKニュース、重要な委員会、本会議、といったところ。24時間ニュースが流れ続けるチャンネルも重宝しています。ちなみに、国会の放送で一番映りも角度もきれいなのはNHK。録画するときは、お世話になってます。

scene:40

レッツ・ゴー・パーティー♪

政治資金パーティーの実態

マチコ先輩☆ 今日ちょっと早退するからよろしくね。

新人カスミ♥ 先輩、めずらしいですね、仕事マニアなのに……。しかも、なんだか化粧もいつもより濃い感じが……

☆ なーにー？（怒）

♥ いやっ、いつも以上におキレイですねーって、どっか行くんですか？

☆ 実は、ある議員の**政治資金パーティー**に誘われたの。

♥ えー!! 政治資金パーティーに!? いいんですか？

☆ もちろん、お金は払わないよ。社会見学気分でどうぞって呼ばれたの。

♥ ふう～ん。政界のパーティって、どんな感じなんですか？

☆大学生のときに議員だったおじさんのパーティを手伝ったことがあるけど、**会費は2万くらい**が相場ね。議員が国会で東京に集まっているから、意外と国会開会中に開催されることが多いの。

♥**何千人って集まる**パーティーもあるのよ。

☆だいたい後援会の人が多くて、年齢層は40代でも若いほうかもね。若くて、しかもあいさつに余念がない人は、だれかの代理かなーって感じ。

♥やっぱパーティーですから、**ダンスとかするんですか？**

☆残念でした。ゲストのあいさつやちょっとした講演があって、あとは情報交換がほとんどよ。食べ物だっていたってフツーよ。ドリンクは自由に飲めるけど、お茶とかジュースを飲んでる人が多いわね。

♥**わりと地味**なんですねー。

☆議員活動の資金集めがおもな目的だからね。でも、意外と面白い話が聞けたり、人脈が広がったりするのよ。議員とナマで話す機会なんて

♥ そうないし、ふだん聞けない政治の話も教えてくれるし。参加者にとっても勉強の場なんですね。

☆ ま、そんなカタいパーティーばかりでもないんだろうけど、はっきり言って**質素**よ。さ、そろそろ行くわねー。

♥ 先輩、ちょっと……それで行くんですか?

☆ なによ。

♥ ワンピースに値札ついてますよ。

政治資金パーティーは、その不透明さが問題になったため、「政治資金規正法」が改正されて規制されました。年に数回やる議員もいれば、数十年で1度しか開かなかった議員もいます。

¥30,000
※これでは 結婚式です※

scene:41

天皇陛下におことばを賜る

国会の開会式

マチコ先輩☆　明日の国会開会式、きちんとした格好で来てね。**天皇陛下も臨席されるん**だから、ジーパンなんて絶対禁止よ。

新人カスミ♥　え、天皇陛下ですか!?

☆　そう、開会式は参議院で行われるんだけど、天皇陛下から**開会のおことば**を賜るのが通例なの。開会式は、大物やタレント議員を見るチャンスでもあるわよ。

♥　きゃー、楽しみだなぁ♪

開会式は厳かで華やかです。ちなみに、天皇陛下の御送迎は議員の仕事です。

おそれおおくてかけません

scene:42

静かなる戦いのウラ舞台

選挙中の事務局

新人カスミ♥

マチコ先輩☆

♥ あー、**ヒマだ！**

☆ しょうがないじゃない、**選挙期間中**なんだし。

♥ なんだか選挙中って忙しいイメージだったから、がっかりです……。

☆ 選挙で忙しいのは議員や秘書とそのまわりだもの。むしろ、私たちはなにもできないのよ。マスコミが報道する選挙特番なんかを見ながら、勝手に結果予想するくらいかしら？

♥ 議員は自分の仕事がなくなるかもしれないから必死ですよね。さっき先輩に頼まれて△△議員の事務所行ったときも、結局いなかったんですよ、事務所に、**だ〜れも。**

☆ え、そうなの？　早く言ってくれないと。

♥ すみません、すっかりボケてました……。「○月×日まで事務所をあけています、御用の方はこちらまで」って、地元の事務所の連絡先が出てました。

☆ まあ、いないならしょうがない。この時期は、秘書も選挙応援で飛びまわるから、だれもいない事務所はけっこう多いのよ。

♥ 秘書の方も大変なんでしょうね。人ごとながら心配です。

☆ とにかく選挙のためになんでもやるからね。強制的にホテル住まいで毎日さびしくて泣いていたとか、握手やビラ配り、後援会の対応でとにかく忙しくてご飯を食べるヒマもないとか、寝ても寝ても疲れがとれない、大声を出しっぱなしだから声が枯れてガラガラ、そりゃあもう、大変らしいわよ。

♥ うう、**あたしには無理**っす……。

☆ 選挙が終わるころには痩せてげっそり、なんてざらにあるし。夏に選挙があった日にゃあ真っ黒に日焼けするって。日焼け止めなんて効かないらしいよ。

♥ **まさに体力勝負**ですね。精神的にもつらそう……。

☆ 私たちだって、選挙が終われば忙しいんだからね。

選挙になると、議員会館の事務所には最低限の人員しかいません（ときにはゼロ）。1ヵ月以上あけることだってあります。選挙後も、今度はたまった事務処理の山が待ち受けていて、文字通り目が回る忙しさです、はい。

はいっ はいっ
プルルルルル
プルルルルル
ありがとうございます!!
電話
よろしくお願いします!!
握手
どうぞ!!
お願いします!!
ビラくばり
申し訳ない……

scene:43

国会は、かつら禁止？

議事の決まりごとあれこれ

新人カスミ♥　あれ、先輩、議場で杖をついている議員さんがいますね。

マチコ先輩☆　ホントだ。そういえば、**杖や車椅子**を利用する場合は申請して議長の許可が必要って知ってた？　男性議員は服装も決まっていて帽子や外套（コート）、ネクタイが隠れる丸首のセーターなんかは禁じられてるの。襟付きシャツ、上着は着用するということが決められているんだから。

♥　へえー、そうなんですか。帽子といえば、プロレスラーでマスクの議員がいましたけど、あれもダメなんですよね、もちろん。**それとカツラも？**……って言っちゃまずいですよねっ!?

☆ ……マスクはともかくカツラは本人しかわからないものだし、これ以上は言えないわっ、私も。ちなみに2005年から夏季（6月1日〜9月30日）の間だけ、上着、ネクタイが着用しなくてもよくなったのよ。いわゆる「クールビズ」で、このスタイルになってから議員もおしゃれになったわよね〜。

♥ ……もぉ、イロ男には弱いんですから。でもたしかにおしゃれな議員はひと目でわかりますし、気をつかってる方も多いですよね。

ん、先輩？ なんか聞こえませんか？

「ギチョー、ギチョー」って……。

☆ ああ、議事進行係ね。今は衆議院だけの係なんだけど、本会議って議事日程の変更や追加が少なくなくて、この動議を議長に提出するのが「議事進行係」よ。別名『総理大臣の登竜門』と呼ばれていて、担当議員に歴代総理大臣出身が多いからそう呼ばれているみたい。明治時代から続く由緒ある係よ。当選回数が少ない議員、比較的声のとおりがいいっていう人がなるみたい。

♥ これも、めずらしい決まりごとのひとつかもね。

♥ じゃあ、もしかして、この声って……。

☆ そう、**発声練習。**議員会館なんかで練習してるんだって。

♥ ひょえ〜。

議事の決まりごとはいろいろありますが、いずれも本会議最中だけの話。議員は帽子やコートを事務所に置いて本会議場へ向かいます。かつらやマスクだって、中でだけ着用しなければOKなんですが……。

ぎいちょお♪
おおおおおおおお
おおおおおおお
はいはい

scene:44

あたしのお願い聞いてよね♪

請願のシステムと意義

マチコ先輩☆　あれ、請願文書表なんか持ってどうしたの？

新人カスミ♥　はい、議員秘書さんに教えてもらったんです。これって国民が要望を**国会に直接お願い**できるシステムなんですよね？

☆　そう。憲法でちゃんと定められている制度なのよ。国会開会中から閉会の数日前まで提出できるけれど、議員の紹介なしでは請願は受けつけてもらえないの。

♥　それで地元議員さんのところに、請願の訪問があいつぐんですね。

☆　要望を提出して受理されると、請願内容の趣旨と請願者の住所と名前、紹介議員が書かれた請願文書表がつくられて、内容にあった委員会にまわされて審議されるのよ。ちなみに同じ人が1回の国会内に同じ内容の請願を出すことはできない決まりになっているわ。

♥ どんな請願が多いんですか？

☆ うーん、そうねぇ、いろいろあるけどたとえば『憲法九条改憲に反対する請願』『夫婦別姓制度の導入や婚外子の保障に関する請願』『公的医療保険での十分な医療保障に関する請願』とか……。名前はちがえども似たようなモノも上がってくるし。**詳細はネットでも公開**されているわよ。

♥ その請願、実際に審議されてからはどうなるんですか？

☆ 請願それぞれが各委員会にわけられて、内容がいいものはそれを内閣に送ってさらに審議してもらうの。内閣は審議の経過を各議院に報告することになっているわ。すべての請願のうち、**1〜2割くら**

いが内閣に送られてるみたい。個人的なお願いみたいな請願はほとんど通らないけれど、何年か前に一度だけあって話題になったみたい。でもなかなか通らないのがホントのところかも。

♥ そんなに通らないのなら請願やる意味あるのかなあ?

☆ 国民の権利のひとつよ。世の中に間違ったことや疑問を感じることがあったら、まずはやらないよりもやったほうが**全然いい**と思うけどね。

全請願数のうち1～2割を審議、これを多いと見るか少ないと見るかは複雑です。むしろ、こうした請願がすべて無視され、議員のスキャンダルや政党同士の小競り合いで国会の時間がつぶされることにこそ、怒るべきですよ。

請願!! 女は若さ だ!!
じゃない!!

カスミの初体験 委員会の巻

NHKの中継も入る国会の花形

新人カスミ♥ いよいよ委員会の傍聴ですね。楽しみだなあ。

マチコ先輩☆ 今日見るのは**予算委員会**で、いちばん大きな第一委員会室で行われるの。委員会の花形と言われる予算、決算などの委員会はたいていここで開かれるし、**NHKの中継もほとんどここ**ね。ちなみに一般の人も、議員紹介で委員長の許可をもらえば傍聴可能よ。

♥ なんだか記者や省庁の関係者がいっぱい廊下にいますね。

☆ そろそろ記章と身分証を衛視に見せるから用意してね。

♥ はーい。……ふぅ、やっと入れましたね。しかもすごい人!?

☆テレビで映らないけれど、答弁する大臣の補佐をする政府、委員会担当の職員、また報道関係者、あとは傍聴する人たちなどもいるからけっこう人が多いかも。

♥なんだかテレビで見るより部屋が広い感じですね。明るいし、インテリアもクラシカルでステキです。

☆議員の座っているイスがふかふかしていて、座りごこちよさそうでしょ。あれ、**「楽イス」**って呼ばれていて、長く座っていてもつかれない楽なイスらしいわ。

♥こういうのは、ナマで見なきゃわからないなあ。

☆質疑がはじまったようね。ほら、質疑者の目の前に時間のカウントがあるでしょう？　あれは質問の残り時間を示しているのよ。

♥なるほど。……なんか騒がしいですね。

☆応援議員もいるからね。自分たちが所属する議員の発言に喝采したり、拍手したりして場を盛り上げるために、議員が傍聴することもあるのよ。でも、原則としては静かにね。ま、質問する議員はともかく、ほかの議員は退屈そうね。出たり入ったりせわしないし、隣の人と話しているし、なんか読んでいる人もいるし……。

あ、あそこ、**パソコン持ち込みOK**なんだけど、なにやらいっぱい書き込んでるから記者かしらね。

♥ ………。

☆ ん？　カスミちゃん？

♥ ……ZZZZ。

☆ 静かだと思ったら……。

委員会の質問時間は会派の人数に比例していて、多い会派は長く、少ない会派は短いです。その時間内に終わらせないと委員長に注意されてしまいます。

第1委員会室
読買新聞
朝目
TV朝
私の中継!?
何言ってるんですか?

［解説］

明るい情報公開の第一歩

平野貞夫

私は衆院事務局の職員33年、参院議員12年、合計して45年間、国会議事堂で暮らしてきました。私にとっては『石牢』のなかで生きていたようなもので、楽しい思い出なんかひとつもありませんでした。

しかし、よく考えてみると国会でしか見ることのできない、知ることができないことがたくさんありました。国会のなかでは見なれた風景にも、外から見ると新鮮でめずらしくて好奇心を刺激するものもあるでしょう。

本書『GOGO!! 永田町ガール～はい、こちら国会事務局です～』は、ともすれば陰湿な争いばかりをやっている国会の日常の現場を、明るく情報公開したもので、とてもとても意義があると思います。

国会議事堂の正門に、2本のいちょうの大木があります。

参院側の大木は荒々しく勢いがありますが、衆院側の大木はいまひとつ元気がありません。参院側の大木はもともとその場で自生したものです。しかし、衆院側の大木は外務省あたりに自生していたものを、運んできて植えたものなのです。

国会議事堂の建築を指導するために来日していた英国の設計技師は「英国なら苗を2本そろえて植える。一方を遠くから運んできて植えたりしない」と言ったそうです。このことは、日本の国会、民主政治に対する皮肉でもあり、注意でもあります。

日本の国会は、外国からの政治制度を輸入、植え替えしたもので、まだまだ定着していません。議会民主政治が定着するために一番大事なことは、国会で行われているることが市民の前に公開されることです。国会でのむずかしい質疑の内容だけでなく、国会議員の日常や国会事務局で働く人たちの姿も公開する。これらを秘密にしていてはダメです。

国会といえば、法律をつくったり、予算を決めたり、国政調査を行うところだと、教科書にあります。わかりやすく言うと、国や社会における「食品市場」と「ゴミ処理場」のようなことをやっている場所です。人びとの生活が成り立っていくうえでもっとも大事なところです。

そこは、人間の欲望と利権の調整の場であり、きれい事ではすまされない仕事の場です。

国会の真の姿を市民に知ってもらうため、まず議員秘書や国会職員の日常の動きを公開する『GOGO!! 永田町ガール』のような発想は、とっても斬新です。

こうした「明るい情報公開」を、国会関係者にはぜひ今後も続けてもらいたい。国会の大事さを伝えることで、みんなが国会の成り立ちや歴史を学ぶような国を目指してほしい。

若い人たちにとって議員や秘書や「永田町ガール」が憧れの職業となるような、そんな未来を実現してもらいたいと思う。

ひらの・さだお

1935年高知県生。25歳で衆議院議会事務局に就職、「永田町ボーイ」となる。1992年退官後、57歳で初当選。参院議員として自民党に入る。1993年の自民党分裂時に小沢一郎衆院議員の新生党に参加、以後、小沢議員の右腕として活躍し「小沢一郎の知恵袋」と称された。2004年に69歳で政界を引退し、現在は政治評論家。『公明党・創価学会の真実』、『ロッキード事件「葬られた真実」』（ともに講談社）など著書多数。政界きっての法律運用のプロでもある。

[参考資料]

- 『國會議員要覧 平成18年2月版』(国政情報センター／2006.2)
- 『永田町インサイド　あなたの知らない政治の世界』日本経済新聞政治部
  (日本経済新聞社／2005.8)
- 『岩波ブックレット　もっと知りたい国会ガイド』宮下忠政、小竹雅子
  (岩波書店／2005.1)
- 『新・国会事典』浅野 一郎、河野 久(有斐閣／2003.7)
- 『議員秘書 日本の政治はこうして動いている』竜崎 孝
  (PHP研究所／2002.9)
- 『政治の現場が見える 国会議事堂大図鑑 建物と中の人たちの役割がよくわかる!』
  (PHP研究所／2005.11)
- 内閣府ホームページ　http://www.cao.go.jp/
- 衆議院ホームページ　http://www.shugiin.go.jp/
- 参議院ホームページ　http://www.sangiin.go.jp/
- 環境省ホームページ　http://www.env.go.jp/

著者◎荒谷京子（あらや・きょうこ）
フツーの会社に勤めるOLだったが、ひょんなことから国会事務局に勤務、永田町ガールとなり現在にいたる。憧れの政治家は小沢一郎氏。

カバー、本文イラスト◎きりやまき
装丁・ロゴデザイン◎西口雄太郎

企画・編集◎大畠鎌児
編集協力◎橋本祐介

制　　作◎青丹社

Special thanks◎平野貞夫

Go Go!! 永田町ガール
はい、こちら国会事務局です！

二〇〇六年九月十五日　初版第一刷

著　者　荒谷　京子
発行者　仙道　弘生
発行所　株式会社　水曜社
〒160-0022　東京都新宿区新宿一―一四―一二
電　話　〇三―三三五一―八七六八
ファックス　〇三―五三六二―七二七九
www.bookdom.net/suiyosha/

印刷所　中央精版印刷

定価はカバーに表示してあります。
乱丁・落丁本はお取り替えいたします

ISBN 4-88065-178-8 C0095